综合实践活动设计与探索

王振中 著

北方妇女儿童出版社

版权所有　侵权必究

图书在版编目（ＣＩＰ）数据

综合实践活动设计与探索 / 王振中著. －－ 长春：北方妇女儿童出版社, 2020.10
ISBN 978-7-5585-4757-7

Ⅰ.①综… Ⅱ.①王… Ⅲ.①活动课程 – 教学研究 – 中小学 Ⅳ.①G632.3

中国版本图书馆 CIP 数据核字(2020)第 200995 号

出 版 人	刘　刚
责任编辑	张晓峰
封面设计	张飞飞
开　　本	787×1092mm　1/16
印　　张	11
字　　数	120 千字
印　　刷	潍坊新天地印务有限公司
版　　次	2021 年 1 月第 1 版
印　　次	2021 年 1 月第 1 次印刷
出　　版	北方妇女儿童出版社
发　　行	北方妇女儿童出版社
地　　址	长春市龙腾国际出版大厦
	邮　编:130021
电　　话	编辑部:0431-81629613
	发行科:0431-81629633
定　　价	58.00 元

编委会

主　任: 王振中

副主任: 李振勇　徐传忠　张洪良　王德年

　　　　　孙衍军　张树坤　张德进　韩瑞礼

主　编: 王振中

副主编: 郑　涛　孙衍庆　王振青　刘忠庆

编　委:(按姓氏笔画排序)

　　　　　马英红　王汝俊　王乐信　刘玉萍　李芳芹

　　　　　赵竹花　高　妮　惠丽珍　董文秀

目　录

快乐刮画	1
剪纸艺术	5
树叶贴画	11
趣味电子	15
多米诺骨牌	20
创意构建	23
创意组合	27
航模制作	31
泥塑艺术	38
百变魔尺	42
消防科普	46
地震科普	51
布艺制作	55
象棋技艺	59
沙雕艺术	63
感恩教育	66
魔术探秘	70
动漫世界	74
数独游戏	78
智能机器	81
木工工艺	84
衍纸艺术	89

烙画葫芦	94
脸谱艺术	98
金属丝工艺	102
丝网花制作	107
科普体验	111
面塑艺术	115
模拟射击	118
塑编工艺	122
乒乓世界	126
魅力巴克球	130
探索自然	134
软陶艺术	138
模拟飞行	142
心理沙盘	146
交通科普	149
无线电测向	156
定格动画	160
磁力探究	163
烹饪技术	167

快乐刮画

活动目标

知识目标：了解刮画特点,掌握刮画工具使用方法。

能力目标：通过欣赏、讨论、自主探究和教师局部示范讲解,运用工具绘制刮画。

情感、态度与价值观目标：让学生从中感受劳动的成就感和幸福感,提高美术学习的兴趣和创新能力。

认识刮画

　　刮画,又名刮蜡、刮美卡,是一种新型绘画方式。除了用竹笔在刮画纸上进行绘画创作外,还可以配合其他工具,如牙签、圆珠笔、竹筷、回形针等,进行作画以丰富画面效果。尖的工具用来画细线条,更好地表现细节；扁平的、有一定宽度的工具用来画粗犷的线条或者面。刮画纸是一种双层艺术类纸品,上层主要为黑色,下层为单色或迷彩色。刮去上层黑色便露出下面的彩色,对比强烈,刮画有着良好的视觉效果,深得小朋友们喜爱。刮画不适合反复修改,可以培养孩子果断的作画习惯。

活动意义

　　本课属于"造型·表现"学习领域,引导学生通过学习,探索学习美术新技法——刮画,体会刮画技法的新颖性与多样性；并教会学生运用多种工具进行创作,表达所见、所闻、所感、所想,并从中获得喜悦与快乐；旨在通过活动,培养学生在生活中发现美、感受美和创造美的能力。

活动重点和难点

重点：认识刮画特点，学会运用刮画工具。
难点：运用点、线、面知识刮画。

活 动 准 备

刮画用到的材料和工具有：刮画纸、刮画笔、牙签、小棒和尺子等。

刮画纸

刮画笔

活 动 过 程

导入课题

请同学们说说，这些画是怎么制作出来的？（刮出来的）

教师：你们想不想学呀？

学生：想。

教师：那今天我们就来学习用刮的方法来画一幅画。

教师板书：快乐刮画。

名家介绍

亨利·马蒂斯（1869—1954年），法国著名画家、雕塑家，野兽派创始人和主要代表人物。代表作有《豪华·宁静·欢乐》《生活的欢乐》《开着的窗户》《戴帽的妇人》等。

刮画有什么特点？

主要运用点、线、面的多样性与疏密粗细表现画面。

三、刮画的技法和步骤

刮画的技法：

　　点：单点、渐变点等。

　　线：曲线或直线、单线或复线、平行线或交叉排线。

　　面：宽窄、长短等。

刮画步骤：

　　1.认真起稿，确定构图。

　　2.刮出轮廓。

　　3.处理块面。

　　4.不断丰富细节，收合、调整画面。

　　5.也可以自己制作刮画纸，用彩色油画棒涂底色，再用黑色覆盖。

教师出示作业要求：设计一个形象，景物、人物、动物等都可以，确定线、面的处理方法，在刮画纸上进行表现。

特别提示

1.主题鲜明，彰显创意与个性；
2.点、线、面合理运用；
3.画面整洁干净。

比一比

展示作品　感悟收获

学生分组展示作品，全班同学进行自评、互评。

活动总结

体验美术活动的快乐,学会运用不同材料表现美术,鼓励学生在生活中学会创新,寻找新的绘画材料,表达对世间事物的真实感受。同学们学会了制作刮画后,可以制作漂亮的刮画贺卡,作为节日礼物送给自己的亲朋好友。

活动延伸

刮画的魅力就在于其无限的表达能力。学生在刮画过程中体验到新技法带来的乐趣,得到美的启迪和享受。

(指导教师:王汝俊)

剪 纸 艺 术

活 动 目 标

知识目标：使学生了解剪纸的起源和特点，明确剪纸的艺术特色和社会作用。

能力目标：拓展学生的知识领域，培养学生的动手能力，初步学会剪纸创作。

情感、态度与价值观目标：让学生感受我国传统剪纸艺术的审美趣味及其文化内涵，激发学生对生活的热情，从中感受美、热爱美。

认 识 剪 纸

剪纸，又叫刻纸，是一种镂空艺术，是中国最古老的民间艺术之一。剪纸的材料可以是纸张、金银箔、树皮、树叶、布和皮革等。

剪纸在中国历史悠久、流传很广。其产生和流传与中国的节日风俗有着密切关系。人们把美丽鲜艳的剪纸贴在雪白的墙上或明亮的玻璃窗上、门上、灯笼上等，节日的气氛便被渲染得非常浓郁。结婚大喜之日，也常常会贴"囍"字，以示庆贺。

剪纸是中国民间艺术中的瑰宝，在世界艺术宝库中也占有一席之地。那质朴、生动有趣的艺术造型，有着独特的艺术魅力。

剪纸锻炼学生手部肌肉，促进大脑发育；剪纸形象万千，内容丰富，有很强的趣味性；提高学生的思维能力、想象力和创造能力，对文化课的学习有积极作用。

活动重点和难点

重点：掌握剪纸的造型装饰手法，摸索剪纸小窍门，培养学生创造性地设计剪纸作品的能力。

难点：在设计和剪刻时要注意线线相连、面面相连。

剪纸的工具主要有剪刀、刻刀、铅笔和橡皮。剪刀要求锋利有尖，不能太钝。

剪纸是一种平面镂空艺术，剪刀无法完成的部分，一般要用到刻刀，具体情况要视图案而定。

一、教师出示剪纸作品

"同学们，每逢我们的传统节日春节要到来的时候，家家会张灯结彩，十分热闹，你们看他们在干什么？"

"对！他们在剪窗花。窗花是中国传统剪纸艺术中一种常见的表现形式。节日期间，人们会把彩色纸张剪成各种各样的形状，贴在窗户上。"

剪纸图片

剪纸艺术

出示课题：剪纸

知识小卡片

剪纸的历史

剪纸是中国最古老的民间艺术之一。从一些考古遗存中发现，剪纸至迟在北朝时期就已经出现，至今已有一千五百多年历史。北朝时的剪纸技艺已经相当精熟。隋唐以后，剪纸艺术日趋繁荣，唐代还出现了专门描述剪纸的诗句。如《采胜》一诗中写道"剪采赠相亲，银钗缀凤真。叶逐金刀出，花随玉指新"。描绘了佳人剪纸的优美动作和剪出的花鸟草虫的美丽效果。至宋代，开始出现剪纸行业和剪纸名家，剪纸日趋普及。明清两代剪纸艺术达到高峰。

剪纸作品

二、学生欣赏剪纸作品 讨论剪纸的种类

1.用于春节或其他节日装饰。主要有窗花、门笺等。

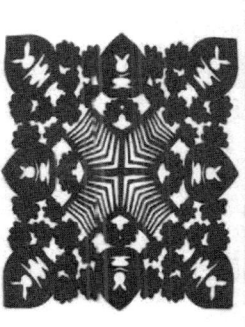

窗花　　　　　　　　　　　门笺

2.用于结婚喜庆。主要有喜花、福花。

喜花　　　　　　　福花

3.用于祭祀。主要有祭纸。

祭纸

三、南方剪纸和北方剪纸

剪纸在我国大体上分为南北两大流派：北方剪纸粗犷朴拙，天真浑厚；南方剪纸精巧秀丽，玲珑剔透。正如郭沫若先生所说："曾见北国之窗花，其味天真而浑厚；今见南方之刻纸，玲珑剔透得未有。一剪之七夺神功，美在人间永不朽。"北方剪纸代表地区有山西、陕西和山东，南方剪纸属南京剪纸最有特点。南方剪纸除门笺是刀刻的，多数用剪刀剪成。艺人们以剪代笔，不需底稿，手随心运，有如"一笔画"，连绵不断，一气呵成。造型以弧线为主，流畅优美，柔中见刚。作品具有韵律感、节奏感和浓厚的装饰趣味。

1.团花（南方剪纸）

2.春耕图（北方剪纸）

有什么不同点和相同点？可以分小组讨论。

教师总结：

相同点：纹样相聚，造型生动。

不同点：北方剪纸粗犷、豪放、单纯；南方剪纸华丽、工整。

剪纸的艺术特色

四、剪纸艺术的特点

1. 简练概括，夸张传神；
2. 善用比喻，寓意谐音；
3. 构思大胆，幽默取巧；
4. 富于装饰，印物赋形。

出示两幅作品，让学生比较一下有什么不同。

五、阴剪和阳剪

阴剪以块为主，把造型的线剪去，线线相断，把形剪空，称为负形。

阳剪以线为主，把造型的线留住，其他部分剪去，线线相连，把形留住，形以外的剪去，称为正形。

一幅好的剪纸作品，大多采用阴剪和阳剪结合的办法。

阳剪　　　　　　　　阴剪

动手练一练

请同学们为我们班设计一幅剪纸窗花。要求每位同学亲自动手，各自创作，完成后，进行作品展示。（说说你的剪纸是什么内容？设计意图是什么？）

比一比

展示作品　感悟收获

活动总结

这节剪纸课简单讲述了剪纸的渊源、特点，重点展示了剪纸的创作过程，并且以图例方式，在黑板上画出连续纹样、单独纹样等图案的剪刻图示。当教师用电脑展示图案时，同学们的兴趣被充分调动起来，因为他们觉得剪纸比较简单，都想自己动手试试。教师乘机讲授一些要点和注意事项，学生为了能剪好，听得也很认真。在剪刻过程中，小组合作，互相学习，互相提意见。接下来教师要做的就是走下讲台检查指导。简单快乐的一堂课就这样在轻松活跃的气氛中结束。

通过本次活动，同学们学会了制作简单的剪纸作品。课后，在教室墙壁上设计一个剪纸展示区，把自己的作品贴在上面，让大家感受剪纸艺术美，丰富课余生活。

（指导教师：王汝俊）

树叶贴画

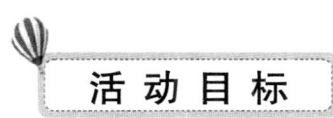
活动目标

知识目标：掌握制作树叶贴画的方法，能自主构图并选择合适树叶。

能力目标：通过引导学生制作树叶贴画，激发创新意识，锻炼动手能力，培养团队协作能力。

情感、态度与价值观目标：通过活动体验，将自然带进课堂。培养学生热爱花草树木、热爱大自然的感情，引导学生欣赏美、创造美。

认识树叶贴画

大自然中树木种类不可胜数，它们的叶子千姿百态，且与很多物体的形状相似。为培养学生热爱大自然，感受美、创造美，教师和学生发挥想象，用树叶拼贴成各种物体画像，将大自然的自然美转化为生活的装饰美，实现树叶的魔力变身——树叶贴画。

1.将大自然带进课堂，学生用自己的灵感和双手把大自然的美进一步升华，展现学生神奇的创新潜力。

2.生活中从不缺少美，只是缺少发现美的眼睛。树叶贴画将欣赏美和创造美有机结合，提升学生的欣赏水平和创造能力，丰富学生美的体验和感受。

活动重点和难点

重点：树叶贴画的制作过程。

难点：画面设计与树叶选择。

活 动 准 备

要想制作一幅完美的树叶贴画,必须有合适的材料和工具。下面来了解一下与活动相关的材料和工具。

1.各种形状的树叶。

2.8K 素描纸。

3.胶水:建议使用专用手工白胶,这种胶水干后比较干净。

4.剪刀:用来根据自己的设计修剪树叶的大小和形状。

活 动 过 程

一、图片导入　激发兴趣

教师:同学们,我们来欣赏艺术作品,大家注意观察作品特点。

教师提问:大家注意到作品是用什么做的了吗?(树叶)

自然界中,树木种类繁多,树叶各种各样。今天我们就以树叶为材料,拼制、粘贴成一幅漂亮的工艺美术作品——树叶贴画。

那么,怎样才能制作出这么漂亮的树叶贴画呢?

二、图文并用　讲解要领

树叶贴画的制作过程大体可以分成三步:构图、选叶、粘贴。

1.构图,即确定主题

构图主要是确定树叶贴画的画面主题,画面的构成元素可以是单一,也可以是多种。

构思主题可以从个人兴趣或者熟悉的事物出发。在这个过程中,学生可以充分运用发散思维,从单一元素的构设扩展到多种元素的集合,大胆尝试不同的画面设计,激发自己的创新能力。

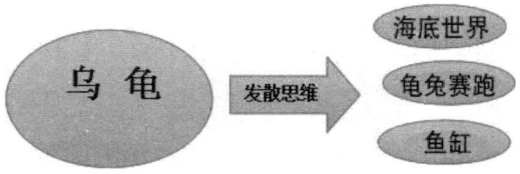

树叶贴画

2.选叶

教师提问： 选择树叶有什么标准和依据呢？

要从画面主题需要出发，综合考虑树叶大小、形状、颜色以及树叶的正反面和叶柄等，选择与主题相适应的树叶。必要时对树叶进行剪裁加工。

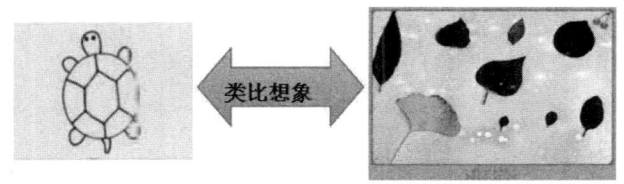

教师提示： 大家相互讨论，想一想，看一看，眼、脑、手并用，通过对比选择最为合适的树叶。

3.粘贴

教师引导： 观察小乌龟的粘贴过程，大家觉得对于粘贴顺序有什么要求？

 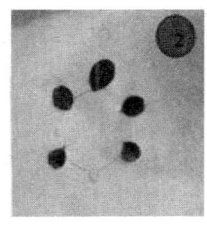  

运用正确的粘贴顺序：先底层，再表层。

粘贴注意事项：胶水要涂抹均匀。

动手练一练

1.教师带领学生在校园收集树叶（禁止恶意采摘）。
2.学生分组制作，教师巡堂指导。

比一比

展示评价 百花齐放

1.学生轮流展示作品并互相评价，并选取部分优秀作品进行创意解说。
2.教师从作品创意、树叶选择、粘贴清洁度等角度对学生作品做出积极性评价，增强学生成就感。

活动总结

回顾树叶贴画的制作过程，交流心得和收获，比如对自己制作的树叶贴画是否满意？有哪些方面需要改进？对本次活动的建议等。

教师从树叶贴画的制作引导学生善于用眼睛发现美，善于用双手创造美。

小小树叶在学生手中实现精彩变身。学生无限的想象力和超强的创新能力就是树叶精彩变身的神奇魔法棒！在魔法棒的指挥下，树叶可以变身，布条可以变身，纸片可以变身，所有你认为平常的事物都蕴藏着奇迹。如果有兴趣，就开动自己大脑，用双手去尝试吧！

（指导教师：马英红）

趣味电子

知识目标：让学生通过电子积木的拼装，了解电工基本操作和用电安全知识。
能力目标：灵活应用手控、磁控、光控、声控、水控等多种电路控制方式。
情感、态度与价值观目标：设计出更多、更好、更完美的电路，培养合作、分享、创新精神，提高实践能力。

认识电学原理、电路

电学原理在我们的日常生活中随处可见。电子积木的拼装将知识性、趣味性、实用性紧密结合。通过电路拼装，学会更多的电路知识和技巧，让学生在轻松拼装中步入奇妙的电子世界。

1.学习用电基本常识，通过电子积木拼装，学会更多的电路知识和技巧，让学生在轻松拼装中步入奇妙的电子世界；

2.学生根据电路原理图，灵活应用手控、磁控、光控、水控、声控等方式快速拼装出各种趣味性、实用性电路，培养学生的动手能力，培养学生安全用电、节约用电意识。

活动重点和难点

重点：了解电工基本操作，掌握电路拼装方法。
难点：开动脑筋，发挥创造精神，设计出更多、更好的电路。

活动准备

拼装电路图必须有合适的材料和工具。主要有:电子积木一套,电池一组。

活动过程

一、电流对人体的伤害

电流对人体的伤害有三种:电击、电伤和电磁场伤害。一般认为:电流通过人体的心脏、肺部和中枢神经系统时,对人的危害性比较大,特别是电流通过心脏时,危险性最大。

二、防止触电的常用技术措施

绝缘、屏护和间距是最为常见的防止触电的安全措施。

1.绝缘,防止人体触及带电体而用绝缘物将带电体封闭起来。应当注意:很多绝缘材料受潮后,或在强电场作用下遭到破坏,会丧失绝缘性能;

2.屏护,即采用遮拦、护照、护盖、箱闸等把带电体同外界隔绝。电器开关的可动部分一般不能使用绝缘,而需要屏护。高压设备不论是否有绝缘,均应采取屏护;

3.间距,就是保证必要的安全距离。在低压工作中,最小检修距离不应小于0.1米。

一般采用的安全色有以下几种:

(1)红色:用来标志禁止、停止和消防。如信号灯、信号旗、机器上的紧急停机按钮等都是用红色来表示"禁止"。

(2)黄色:用来标志注意危险。如"当心触电""注意安全"等。

(3)绿色:用来标志安全无事。如"在此工作""已接地"等。

(4)蓝色:用来标志强制执行。如"必须戴安全帽"等。

(5)黑色:用来标志图像、文字符号和警告标志的几何图形。

三、组装调试

教师展示预先搭建好的电路,激发学生学习兴趣,导入课题。

教师讲解(15分钟)

1.师生共同了解元件清单,认识不同的线路元件。如图:

2.教师举例讲解电路原理。

(1)键控飞碟

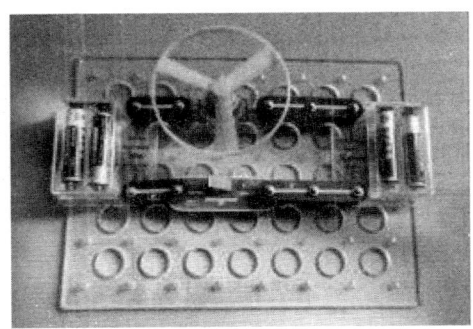

键控飞碟

先装上风叶片,然后按下电键,电机开始旋转。等电机转速较快时,突然松开电键,飞碟自动飞上空中(注意:严禁飞碟对人飞行)。

(2)简易电报练习器

用手按照一种节奏按电键,发光二极管闪闪发光,可用于简单的电报练习。

(3)磁控警车

搭好电路,然后按下电键。喇叭发出警报声,同时发光二极管发出红光。

磁控警车

教师示范电路图拼装过程
（视频展示30分钟）

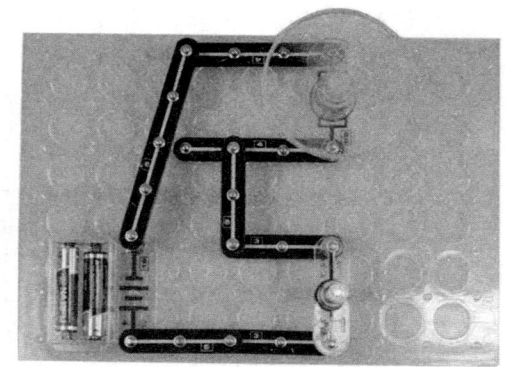

简易拼装

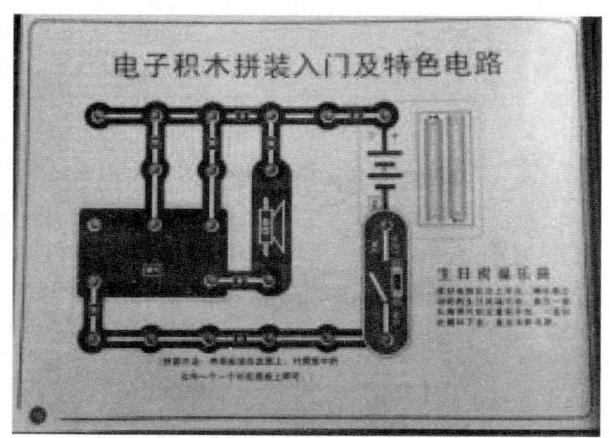

（学生可以按照说明书上的原理图拼装电路，也可以动脑创新）

比一比

展示作品 感悟收获

各小组轮流展示作品,介绍构思以及运用了哪些电路原理。

  教师回顾总结本节课活动内容,并根据学生拼装的情况及纪律表现给学生打出合适分数,各小组选出最优秀同学作为本小组优秀学生。

活 动 延 伸

  通过拼装,教师会惊喜地发现,学生具有丰富的想象力和创造力。他们在拼装出很多有趣的电路后,对电子世界会产生浓厚兴趣。这种兴趣会对孩子未来成长产生积极影响,会对自然课、物理课学习带来直接帮助。

(指导教师:李海斌)

综合实践活动设计与探索

多米诺骨牌

活动目标

知识目标：了解多米诺骨牌的起源，感受游戏中力的传递这一科学现象。
能力目标：根据给定条件自主探索创新，完成骨牌排列。
情感、态度与价值观目标：同伴合作，主动思考，细心操作，努力解决困难。

认识多米诺骨牌

多米诺骨牌是一种用木头、骨头或塑料制成的长方体骨牌。玩时将骨牌按一定间距排列成行，轻轻碰倒第一枚骨牌，其余骨牌就会产生连锁反应，依次倒下。它起源于中国，有着上千年历史。漫长的发展过程，赋予它独特的教育功能。码牌时，骨牌会因意外一次次倒下，参与者时刻面临和经受失败的打击。参与者只有不气馁，鼓起勇气，重新再来，终将成功。

活动意义

多米诺骨牌是一项集动手、动脑于一体的运动。它不仅考验参与者的体力、耐力和意志力，而且还培养参与者的智力、想象力和创造力。教育我们遇到挫折不气馁，不退缩，要树立信心，鼓起勇气，重新再来。人只有经过这样的经历，才会变得成熟，最终走向成功。

活动重点和难点

重点：骨牌倒塌的连续性。
难点：多米诺图案的创新和间距控制。

教具:多米诺骨牌及其吉尼斯世界纪录视频。

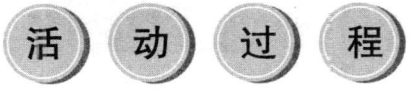

一、观看视频 激发兴趣

1.教师出示多米诺骨牌,引导学生观察。

教师:今天我们来认识一种新游戏,先通过视频来了解一下具体内容。

教师播放多米诺骨牌吉尼斯世界纪录视频。

二、明确规则

教师介绍多米诺骨牌游戏规则。

教师提问:大家觉得怎么才能玩好多米诺骨牌呢?

学生自由发言,表达自己观点。教师总结多米诺骨牌游戏规则。

多米诺骨牌游戏规则:

1.掌握好骨牌之间的间距(骨牌高度的一半最合适)。

2.调整好自己的心理:信心、耐心、细心。

想把多米诺骨牌玩得精彩,图案创新也很重要。

1.分组码放。

2.创新图案,提高倒塌效果。

学生活动期间,教师注意随时指导,帮助他们纠正不合适的地方。

比一比

多米诺展示 见证奇迹

1.推倒第一枚骨牌,观察连锁反应。

师生共同对活动效果进行总结。

(1)为什么没有全部倒下呢?你觉得是什么原因?

(2)有什么样的防倒策略可以尽量地减少骨牌码放时倒塌的可能?

2.师生共同小结:

(1)手指的力量让第一块积木倒下,第一块积木碰到第二块积木时就把这个力量传递给了第二块,这样它们就不断地把力量传递下去。

(2)排队时积木之间要有空隙,空隙既不能太大也不能太小。如果太大,前面的积木倒下时碰不到后面的积木;如果太小,积木在一起不容易倒下。

活 动 总 结

通过玩多米诺骨牌,养成忍耐、专注、执着的品格和心态。在生活、学习中都需要这种品格和心态,胜不骄,败不馁,坚持到底,直至胜利。

这个游戏还有很多玩法,可以堆成城堡,搭建高楼等。希望同学们课余时间多多练习,争取把多米诺骨牌玩得更精彩!

(指导教师:马英红)

创意构建

知识目标：认识科乐思活动材料的种类和使用方法。

能力目标：能够利用不同材料进行自我设计和创意作品构建，锻炼思维能力、创新能力和动手实践能力。

情感、态度与价值观目标：增强自信的同时学会欣赏别人的创意和优点，培养学生互帮互助、团结友爱的优良品质。

认识科乐思

科乐思是一种源自美国的拼插类搭建积木，是世界知名拼插模型品牌之一，被称作"创意梦工厂"。科乐思在创意搭建方面有自己的特色：空间感大、立体感强、可以从外部看到内部结构等，并且包含齿轮传动、机械传动、力的作用、空间结构等知识。科乐思于2007年进入中国，同时在欧美、中东、东南亚等地区也受到广泛欢迎。

好的教育在于不断创新，创新是教育保持生机活力的源泉。创意构建项目的宗旨就是鼓励学生勇于创新，敢于想象，善于动手。

活动重点和难点

重点：在学会使用构建创意材料基础上，充分展开创意思维，设计构建创意模型。

难点：如何开展创意思维自主创新，构建出结构合理、功能完备、特点鲜明的创意模型。

活动准备

教师准备:多媒体课件、科乐思创意构建材料6套。
学生准备:分成6个活动小组,每组1套创意构建材料。

活动过程

一、图片导入 引发兴趣

同学们,本节课我们的主题是创意构建。那我们能构建什么呢?大家一起来开开眼界吧!
创意构建作品欣赏

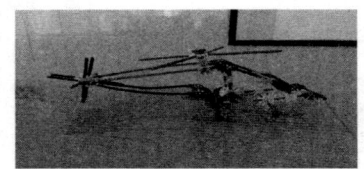
飞机

螳螂爬摩天轮

教师展示:观察讲台上的代表作品。
这些作品是用当今世界最新的创意构建材料搭建的,下面我们来认识一下。

二、了解活动材料 学会连接方法 掌握构建方式

科乐思创意构建材料共包括三类:

材料一:多种雪花片

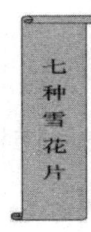
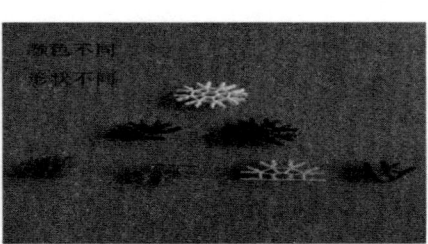

材料二:多种连接棒

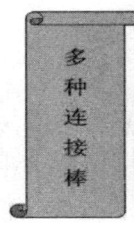
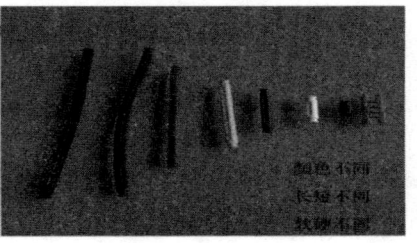

材料三:各种配件

那么,各类材料之间是如何连接的呢?下面老师来示范一下。

连接方法一:穿越连接

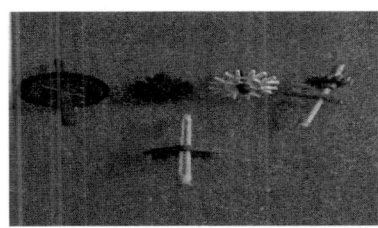

连接方法二:末端连接

连接方法三:侧面连接

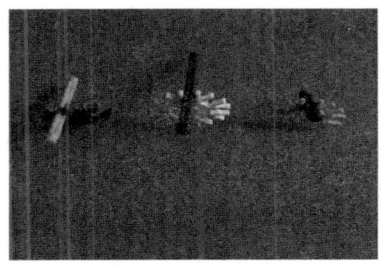

特别提醒:材料之间的连接是上下运作的"推",而不是平衡运作的"插",拆的时候同样如此。

创新搭建 合作实践

1.观察模型作品,进行拆装练习,熟悉材料使用方法。

2.预习实验桌上的学案、创意指导图。

3.每人创意3分钟,在脑中形成自己的创意模型。

4.分组构建,两人或者多人合作。提倡动口(小组进行讨论)、动脑(创意作品)、动手(构建模型)。

在小组活动的同时,教师巡堂观察,启发指导,参与制作,适时鼓励。

比一比

作品展示 评价成果

1.每小组选出2~3件构建作品,由主创人员介绍创意思路、特点、寓意等,学生参与打分。

2.评价。

学生自评:每小组进行作品观摩评比,评出1~2件代表性作品。

同学互评:在学生自评基础上,小组之间互评。评选出最佳创意小组1个,创意优胜小组3个。

教师总评:对全班同学作品进行客观评价,确定最佳创意小组,其主创人员为优秀学生。

本节课同学们积极参与、团结合作,创意思路明确,作品有特色。同学们发挥想象、快乐构建、完成作品,做到在快乐中学习技能,在实践中收获本领。希望同学们在生活中也要敢于想象、善于动手,创造属于自己的未来。

活 动 延 伸

根据本节课学习的创意方法,大家可以利用家中废旧材料(易拉罐、纸板、酒瓶、布料等)创意制作自己喜欢或者熟悉的物品。

(指导教师:孙衍军)

创意组合

知识目标：初步认识慧鱼创意组合模型的特点及组建方法。
能力目标：能动手创意组建模型。培养动手能力、观察、创新思维能力。
情感、态度与价值观目标：增强创新意识、有合作探究精神、科技兴国，爱我中华。

认识创意组合

创意组合模型采用拼插式结构和工业燕尾槽设计，利用六面可拼接体开放式零件模拟现实物件或构建未来世界，充分满足学生创意需求。学习创意组合，主旨在于培养学生科研兴趣，调动学生的主动性、积极性和创造性，激发学生的创新思维和创新意识，营造创新教育文化氛围，全面提升学生科技创新能力。

创意组合模型不仅可以应用于中小学各个年级学科教学，还可用于大学不同专业以及研究生工程实验和技术创新活动，是一个创新教育的全新平台。

创意组合模型旨在培养学生科研兴趣，调动学生主动性、积极性和创造性，激发学生创新思维和创新意识，营造创新教育文化氛围，全面提升学生科技创新能力。

活动重点和难点

重点：创意组合模型的特点及分类。
难点：创意组合模型的拼装。

教师准备：多媒体课件、创意组合配件及图纸等。
学生准备：分成6个活动小组，每组1套活动材料。

一、把原小标题改为：创意组合作品欣赏 激发学生制作兴趣（学生到展柜前欣赏）

二、教师讲解四种入门级机器人组合包

制作套件采用拼插式结构。根据构件用途不同，采用优质尼龙制造，尺寸准确，不易磨损，可以保证反复拆装的同时不影响模型结合的精确度。构件具有易于拼接、颜色鲜艳亮丽、耐炎热和高寒、耐磨、韧性好等优点。构件的工业燕尾槽设计使其六面都可拼接，属于一种"开放"的零件，易于用来构建或者模拟现实，发挥学生的创意。

模块一：科技创新能力探究基础

产品描述：利用270多个构件能够拼接出摩托车、拖拉机、赛车、飞机各3种，共计12个标准参考模型。能够培养孩子的动手能力、对事物的认知能力与思考力，激发创新思维和探究意识。

模块二：结构基础万能组合

利用400多个构件能够拼接三轮车、手推车、单轴拖拉机、载货车、牵引车、雪犁、赛车、电视塔、风扇、风车、飞机、双翼飞机、直升机、游乐场、大型转台、大型摇架、离心机、旋转式摇架、天平、杆秤、信秤、搅拌机、电动厨具、缝纫机、螺旋夹钳、虎钳、刨床、冲床、压力机、车间起重机、龙门吊、材料电梯、滑轮组、港口起吊机、带汽车的车库、带汽车的升降台等41个标准

参考模型。构件独特的设计可实现随心所欲的组合,使其真正成为想象无限、创意无限的产品。通过不同模型的创意和拼接,增加学生对机械和工程结构基础知识的认识和理解。通过观察模型,学生可以了解齿轮传动、杠杆原理、滑轮原理、结构和力的关系、结构的稳定性等知识。

模块三:悬臂式起重机组合

利用670多个构件能够拼接3种不同的悬臂式起重机标准模型。通过模型的创意和拼接,让学生了解机械、力和杠杆滑轮组、电机控制等相关知识,培养学生的思考能力和解决问题的能力。

模块四:达·芬奇机械组合

利用230多个构件能够拼接机翼、锻钳、带有制动爪的吊车、弹射器、战车、云梯、擂鼓车、旋转桥等10个标准参考模型。通过不同模型的创意和拼接,使学生理解艺术和设计的关系、创新思维和机械结构设计的关系,增强学生对知识的综合应用。

战车

石钳以及自动松开的钩子模型

教师根据学生人数分组。学生根据拼组图纸组装。教师巡堂指导。

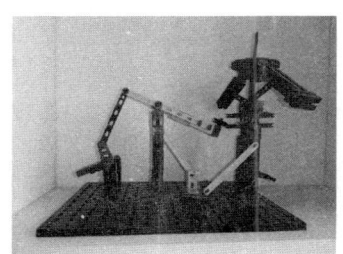  

比一比

作品展示 评价成果

1.每小组选出 2~3 件构建作品,由主创人员展示创意思路、作品特点、寓意等,学生参与打分。

2.评价。

学生自评:每小组进行作品观摩评比,评出 1~2 件代表性作品。

同学互评:在学生自评基础上,小组之间互评,评选最佳创意小组 1 个,创意优胜小组 3 个。

教师总评:对全班学生的作品进行客观评价。确定最佳创意小组,其主创人员为优秀学生。

同学们在这次活动中积极参与,动手实践,发扬团结协作精神,创意拼装出一个个模型。生活中我们难免会遇到困难,它们就像没有拼好的创意模型一样杂乱无章,只要我们充满信心,沉着、冷静地对待,总能找到解决办法。祝同学们做生活的强者,自信、乐观地迎接生活中的每一次挑战!

活 动 延 伸

根据本节课学习的创意方法,大家可以利用家中废旧材料(易拉罐、纸板、酒瓶、布料等)创意制作自己喜欢或者熟悉的物品。

(指导教师:李芳芹)

航模制作

知识目标：了解飞机结构及飞行原理。

能力目标：通过自己制作模型飞机，模拟操纵飞机，锻炼学生的动手能力和协调能力，培养他们的创新精神和实践能力。以小组为单位，通过自主探究，掌握各环节操作规范。

情感、态度与价值观目标：培养学生的爱国情感，激发学生的求知欲，引导学生体验合作探索的乐趣。

认识航模

航模是各种航空器模型的总称，包括模型飞机和其他模型飞行器，是按照航空器外形制作的一种模型飞机，是供运动用的一种不载人的飞行器。航模已经超出航空航天科学家研究的狭窄范畴，成为航空航天和飞行爱好者的一种学习和运动方式。

航模的制作和试飞，可以更好地培养学生细致入微的观察力，丰富他们的想象力；可以增强学生的动手操作能力，锻炼他们分析问题和解决问题的能力。通过常规活动和比赛锻炼，使学生充分发挥潜能、磨炼意志、提升能力。

活动重点和难点

活动重点：组装模型飞机，模拟操纵模型飞机。

活动难点：机翼的打磨。

活动准备

一、教师准备

PPT 课件、视频等。

二、学生准备

1. 一套初级橡筋动力模型飞机材料：砂纸板、初级橡筋动力模型飞机套件、透明胶带、双面胶带、模型快干胶（白乳胶、502 胶水均可）。

2. 工具：尖嘴美工刀、尺、铅笔、垫板。

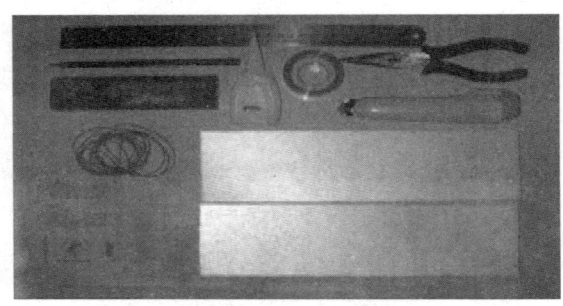

3. 学生自由结合，8 人一大组，2 人一小组，选出组长。

三、注意事项

1. 小心使用壁纸刀、尖嘴钳，以免误伤自己和同学。

2. 小心使用胶水，以免进入眼睛和口内，注意别粘住手指。

3. 组装机翼和水平尾翼时，务必把中间位置比量准确，确保平衡对称后再粘合。

4. 加工木料时，务必垫上垫板，以免损坏其他设备。

活动过程

一、制作机翼

将吹塑纸按图示尺寸裁出左右机翼。

制作翼型:在距前缘 25mm 处弯折一下,使它向上凸起 6mm。

具体做法:先在折痕处的孔翼下面用铅笔压一条印,然后沿此线弯折。

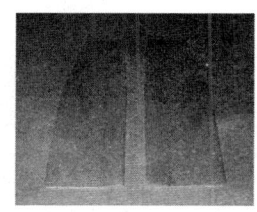

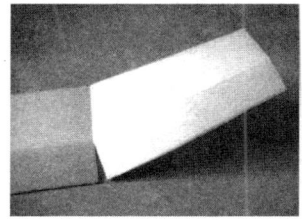

制作上反角:在每边距翼尖 110mm 处,从折痕到前缘切开一个口,再把翼尖翘起 25°,切口最大处相距 5mm,用透明胶带把切口粘上。

为了增加机翼强度,用透明胶带把翼型折痕和上反角折痕粘住。

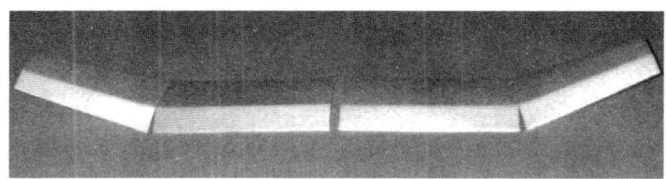

二、制作尾翼

将吹塑纸按图示尺寸裁出水平尾翼和垂直尾翼。

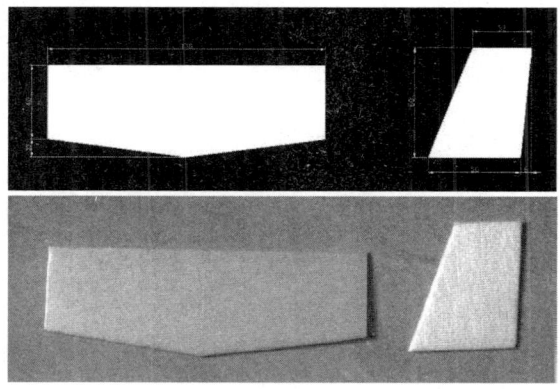

三、制作机身

按图示将机翼翼台与机身杆粘接在一起(要求:翼台前端面距机身杆前端面 10mm)。

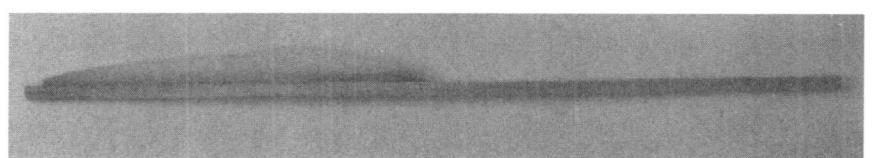

 综合实践活动设计与探索

制作翼台后加强片:按图示将套材中0.75mm厚的木片加工成型,粘接在翼台后部的机身杆上。

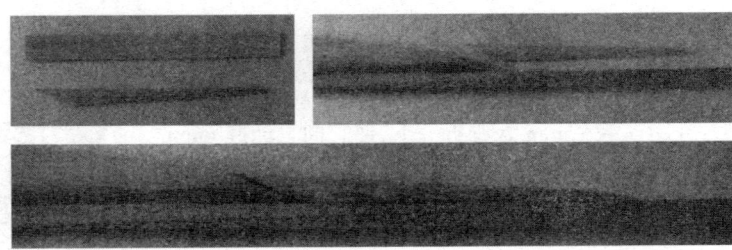

修机头右拉:按图示用0.75mm木片裁成5mm×10mm的木片,粘接于机头右侧,然后用壁纸刀将机头修整出带有向右偏转的形状。

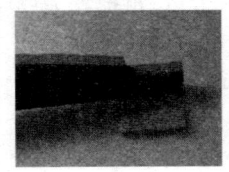 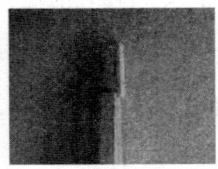 

四、装配

制作翼台衬板:按图示将套材中0.75mm厚的木片从中间裁开,然后用胶水拼接,裁成25mm×80mm的木片,画出中心线,粘接在翼台上部。

穿尾钩、粘接尾翼:按图示将套材中的塑料尾钩开口向后穿入机身杆至翼台后加强片;用双面胶将垂直尾翼、水平尾翼分别粘接在机身杆后部。

粘接机翼:按图示用双面胶将左右机翼分别粘接在翼台衬板上,用透明胶带加强。

组装机头:按图示将套材中的机头组件制作成左侧形状,然后插入机身头部。

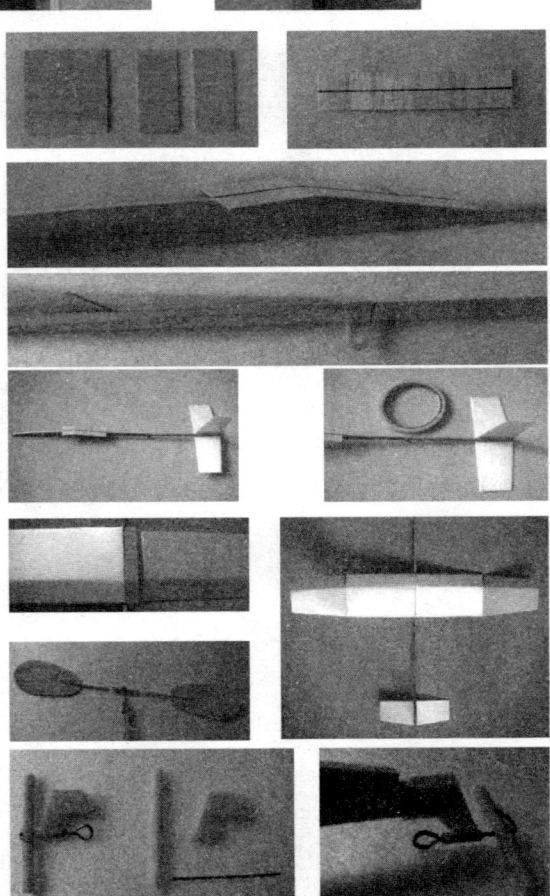

航模制作

制作螺旋桨：按图示将套材中的螺旋桨桨轴对齐桨叶根部中心线，用胶水粘接，然后按大约与拉力线呈40°插入机头套管中（注意：两片桨叶的角度要相等，否则当螺旋桨旋转时会产生抖动）。

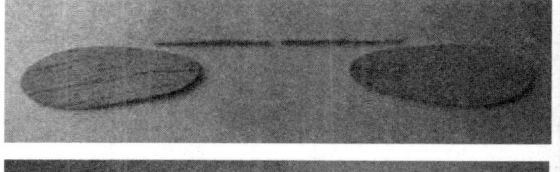

安装动力橡筋：按图示将套材中的橡筋束系紧后盘成三圈，分别挂在机头钢丝钩和尾钩上（注意：橡筋束应呈松弛状态）。

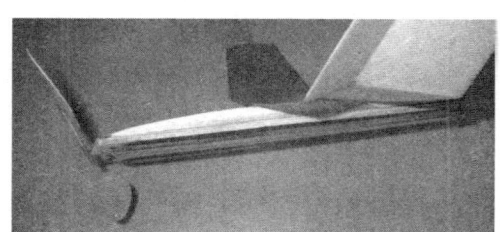

怎样发挥橡筋的最大能量

1. 将橡筋束用婴儿香皂清洗干净，滴上几滴蓖麻油或甘油，放入深色塑料袋中备用。
2. 用2mm自行车条做一个挂钩夹在手摇钻上。试飞时用其拉出机头将橡筋束拉长，绕动的同时回退，直至最大绕数，装上机头准备试飞。

目测检查：

从飞机前方看（正视方向）：

机翼左右上反角与水平尾翼的夹角是否相等、垂直尾翼与水平尾翼是否垂直。

从飞机上方看（俯视方向）：

机翼、垂直尾翼、水平尾翼有无偏斜，机身是否左右弯曲。

从飞机一侧看（侧视方向）：

机身是否上下弯曲。

以上检查如有明显偏差，应予校正。

检查重心位置是否在翼弦的50%位置。如不是，可用橡皮泥在机头或机尾增加配重进行调整。

比一比

展示作品 感悟收获

1. 先用小动力试飞,橡筋缠绕 100~120 圈。试飞时,右手拿住机身重心位置,左手扶住螺旋桨,迎风轻轻平推出手。
2. 通过调整垂直尾翼后缘,可以改变飞机盘旋半径。
3. 当出现机头上扬、飞机作波状飞行时,应在机头适当增加橡皮泥配重;向下俯冲时则在机尾适当增加橡皮泥配重。
4. 飞行正常后可进行大动力飞行。橡筋的最大绕数应根据使用的品种和维护方法来决定。

活动总结

活动小组：_____ 姓名：_____

教师评价

项目	标准	评价
操作技术 （30 分）	A.能熟练操作 B.操作不是很熟练,但能基本完成 C.操作不熟练,不能完成	A.20~30 分 B.10~20 分 C.10 分以下
劳动表现 （30 分）	A.表现积极,团队合作好 B.表现虽积极,但团队不善于合作 C.表现不积极,不善于合作	A.20~30 分 B.10~20 分 C.10 分以下
模型作品 （40 分）	A.能完成制作,飞行时间较长 B.基本能完成制作 C.作品没有完成	A.30~40 分 B.15~30 分 C.15 分以下

总分_____

自我评价

评价内容	等次		
	A	B	C
遵守纪律,爱护公物			
活动积极,团队合作好			
制作完成作品,飞行效果好,具有创新精神			

看似小小的飞机模型,里面有很多学问。在这节课上,我们不仅制作出了飞机模型,还了解了飞机构造及飞行原理。制作真正的飞机,还有更多知识等待我们去学习。希望同学们课下继续探究,争取在不远的将来为祖国航空航天事业做出贡献!

活动反思

优点:
1. 多媒体的使用使模型或原型的概念不再抽象。
2. 大量图片素材加深了学生对模型的理解。
3. 针对模型的两个图片的选择使学生对模型作用的分析水到渠成。
4. 利用丰富的案例补充了模型的分类和作用。
5. 学生在小组合作基础上展现出自己的创新性。

缺点:
学生对于模型设计中结构的连接没有进行细致的考虑,大部分组的同学没有认真对模型从材料、尺寸、连接方式等方面做进一步研究,这可能导致在制作模型时不能完成或浪费材料或重新返工。

动手是航空模型运动的基础。参加航模活动的青少年要亲自制作和装配模型飞机,亲自检查和调整,亲自放飞和维修模型飞机。做好这些工作需要开动脑筋,手脚勤快,有利于培养他们的独立工作能力,养成一切从实际出发和注重实际效果的工作作风。

通过航模运动的全过程,即设计—制作—飞行,尤其是通过飞行训练和对飞行性能的反馈来不断提高人的"心智技能"。

根据飞机的飞行原理,再去制作其他样式、材料的飞机模型。

学生组成兴趣小组,制作一些更有趣、新颖的模型。

(指导教师:刘玉萍)

泥塑艺术

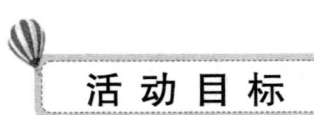

知识目标：通过对泥塑艺术品的欣赏和对泥塑历史的了解，使学生对泥塑艺术具备初步认知。

能力目标：通过泥塑创作活动，培养学生的审美能力、思维能力和实际动手能力，促进学生兴趣爱好和特长发展，提高学生的综合艺术素养。

通过小组合作，培养学生的合作意识、合作技能、团队精神和人际交往能力，有利于学生间学习、认知方面的交流和沟通，使学生能在有限时间内制作出一件自己满意的泥塑作品。

情感、态度与价值观目标：感受中华传统文化魅力，增强传承文化的责任感和使命感。

泥塑艺术以泥土为原料，以手工捏制成形一种雕塑工艺品，或素或彩，以人物、动物为主。开展泥塑活动能使学生受到潜移默化的艺术熏陶和艺术审美教育，促进学生观察力、想象力和创造力的发挥。

活动重点和难点

重点：在活动中让学生放飞其创造欲，提高动手能力，增强审美意识，让学生在动手中找到童趣。

难点：如何制作一个完美的形象，体现其设计思想，在制作过程中体验创造的快乐。

1. 搜集有关泥塑资料，了解泥塑历史。
2. 教师收集学生泥塑作品。
3. 准备黏土、泥塑工具、木板或硬纸板等。

泥塑艺术

活 动 过 程

一、图片导入 揭示课题
说说它们由什么制作而成？

二、了解有关泥塑知识
1. 泥塑发展历史。

我国泥塑艺术可上溯到 4000 年至 10000 年前的新石器时期。两汉之际，道教兴起、佛教传入，社会上道观、佛寺、庙堂兴建，多神化奉祀活动兴盛，这些直接促进了泥塑艺术的发展。到唐代，泥塑艺术达到顶峰。至宋代，不但宗教题材的大型佛像继续繁荣，小型泥塑玩具也发展起来。有许多艺人专门从事泥人制作，将其作为商品出售。元代后，历经明、清、民国，泥塑艺术品在社会上仍受欢迎，尤其是小型泥塑，既可供观赏陈设，又可让儿童玩耍，几乎全国各地都有生产。

2. 我国民间泥塑主要产地。

陕西凤翔、河北白沟河、苏州虎丘等地为著名的民间泥塑重要产区。

3. 泥塑制作步骤。

（1）和泥

（2）塑造

塑造主要有两种方式：一种是把想好的形象分解成各个部件，分别做好后拼凑起来。如图：

另一种是先做出大体轮廓,然后进行局部的、细致的捏制、雕刻或粘贴等。如图:

 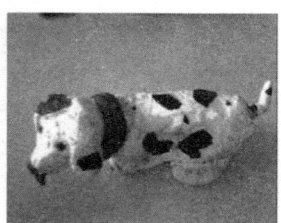

(3)整理

(4)阴干

(5)上色

上色应注意的问题:

①控制毛笔头上的水,水的多少决定颜色的浓淡。

②一般上2~3层颜色,换色时要把毛笔清洗干净。

③落笔算数,尤其第二层颜色。否则会把底色翻上来,很难看。

三、实践操作

1.了解泥塑基本技法。

(1)感受泥性,探究泥的特性(可塑性、结合性、收缩性、烧结性和耐高温性)。

(2)运用基本的泥塑技法,如揉、搓、压、粘、捏等。

(3)演示几种泥塑基本技法。

①徒手捏制法(最简单、实用的方法)

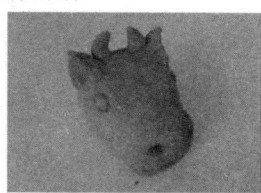

②泥条盘筑法(表现力最强的方法)

③泥板成型法

④掏空法(减轻重量,稳定重心,容易干透)

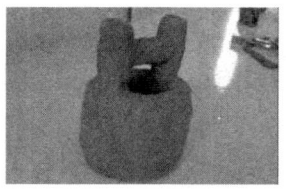

⑤借助他物法(外面包上封闭性的泥,机翼借助木棍)

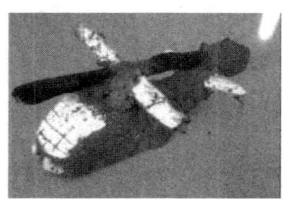

2.小组合作。

(1)想一想,做一做。

明确题材范围,以组为单位分工合作。如"水中动物""陆地动物""水果之家",可以任选其一,也可自拟主题,进行创意制作。

(2)学生在制作过程中,老师巡堂指导。如有的同学泥揉得不好,老师可以帮其揉好;有的同学做的造型不够美观,老师可以帮其修改。在巡堂指导过程中,老师可选做一个作品,让学生观摩。

四、评价交流

1.介绍自己小组作品,说说是怎么做的,为什么这么做。

2.评选优秀作品,教师加以点评。

这节课的设计,从学生生活经验和动手能力出发,让学生自主创新,互助协作,在自由开放环境中培养创造性思维,让课堂成为学习乐园。

活 动 延 伸

有兴趣的话,可以在作品干后上色。

(指导教师:高妮)

百变魔尺

活动目标

知识目标：认识魔尺，掌握图形变化要领。
能力目标：通过魔尺的益智活动，培养学生的空间想象力和思维能力。
情感、态度与价值观目标：锻炼学生运用知识分析解决问题的能力，培养学生的创新意识、团队协作意识，养成勤于动手习惯。

认识魔尺

"百变魔尺"是一种高智能的新型玩具，是由多个三角形积木串联起来的一把尺子，又叫蛇形尺。它和魔方一样，是唤醒我们空间想象力的有效工具。它可以随意变化，任意组合。魔尺很容易上手，但是折出完整的图形又有一定难度，这就是魔尺让人爱不释手的重要原因。魔尺可拼出几百种不同的形状，不仅能培养学生的观察力和想象力，还能增强学生的自信心、激发人们对立体造型的创造力和观察力。

活动重点和难点

重点：掌握图形变化要领。
难点：培养学生的空间想象力和思维能力。

活动准备

24段魔尺、魔尺图形书、多媒体课件。

活 动 过 程

一、魔尺的起源
看视频及欣赏魔尺作品(课件展示)回答问题:
魔尺是由谁发明的?为什么发明魔尺?
魔尺的学名是 Rubik's Snake(官方名称是 Rubik's Twist),和魔方一样,都是由匈牙利人 Ern Rubik 在 20 世纪 70 年代发明的。Ern Rubik 是一所建筑学院的教授,为了锻炼学生的空间想象力和创造力发明了魔尺和魔方。

魔尺,可以变化成多种形状。比如:单个魔尺可以耍出 100 多种精美图案,可变成天上飞的小鸟、地上跑的长颈鹿、水里游的小鸭子、地面爬的小乌龟;还可以变成鸵鸟、篮子、小球、红十字、小蛇;两个以上魔尺可以组装成更复杂的图案。

二、魔尺的种类
魔尺的种类有很多种,有 12 段、24 段、36 段、48 段、60 段、72 段、96 段、120 段、240 段等,其中前种最为流行,而最具有代表性的是 48 段。魔尺的段数越高越复杂,拼出的图形就越多。

三、魔尺每节的转动方式
魔尺每段由半个正方体组成,每一节对应有五个面,其中正方形的两面与其相邻段相连(两头除外),只能转动,不能成图,其余三个面为成图面:三角形的面称为侧面,长方形的面称为正面,正面与侧面颜色不相同以示区分(如果正面为有色面,则侧面为白色或不同色,反之也一样)。

拆开长方形的面盖,可看到两个正方形面由独立的两根弹簧和塑料杆相连在相邻段上,这样可以保证每段能任意角度转动,在拼图时一般只需要转动 90°、180°(顺时针、逆时针均可),其他角度不能成图。

魔尺要想成图形,每节只有三种转法:
顺时针转 90°;逆时针转 90°;旋转 180°。

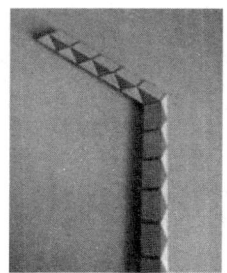

四、教师示范魔球或天堂鸟等的折法

1. 从一头开始,横折两次,变成一个小的三角形状。

2. 在 1 的基础之上,继续横折,但是需要和之前的三角形成一个封闭的环状。

3. 然后横折一次,再竖折一次,每一次折的方向要和之前相反。

4. 继续横折、竖折,逐渐形成一个半球。

5. 折成半球之后,每次折两次,始终要保持封闭的形状,就可以形成一个球。

五、学生自由练习

1. 首先对魔尺的每段进行编号,有色的一面分别为 1,3,5,7……(为奇数),另一面为白色,按顺序为 2,4,6,8……(为偶数)。

2.对照图形说明书,由简单到复杂逐步练习(充分发挥自己的空间想象能力,同桌间可以讨论)。

简单的:小猎狗、狼、猫等。

复杂的:天堂鸟、球、豹、公鸡等。

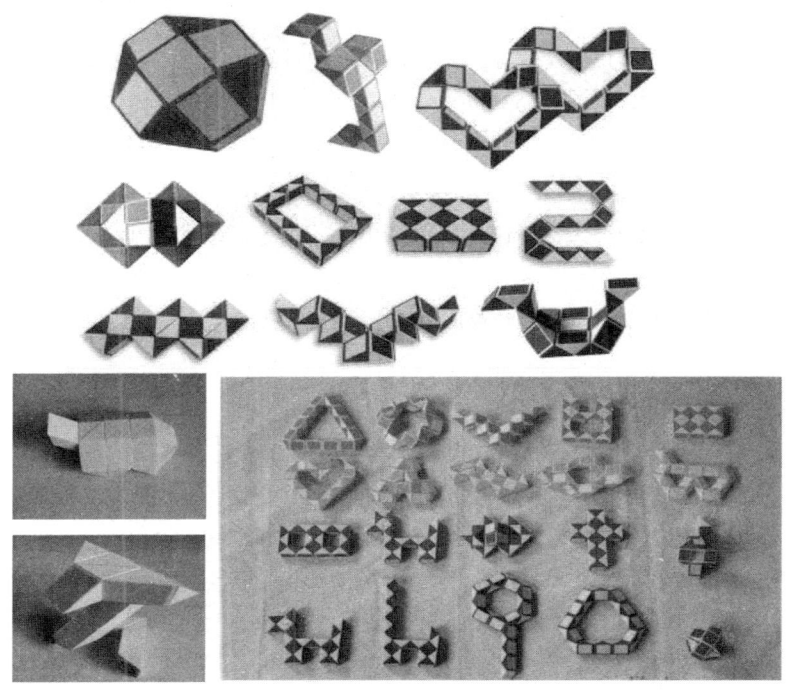

3.学生作品展示。

六、折魔球比赛

将学生分成两组,每组派代表参赛,看哪组成员折得又好又快,获胜组介绍经验。

活动总结

通过玩魔尺,让学生在玩中学习,在玩中动手创作,感受魔尺在扭转中变形的无穷奥妙,促进学生想象力和创造力的开发。

让学生在课下继续探索魔尺的新折法,探索48段、72段魔尺的玩法。

(指导教师:高妮)

消防科普

知识目标：了解消防安全常识，重视安全，珍惜生命。
能力目标：学会正确使用灭火器，正确认识消防标志，掌握突遇火灾时自救与逃生技能。
情感、态度与价值观目标：增强学生的火灾预防意识。

消 防 科 普

  火给人类带来光明和热量，但是如果我们缺乏警惕，火就会带来危险。隐患险于明火，防范胜于救灾。本课程旨在对学生普及消防安全知识，增强学生的防范意识，预防火灾事故，减少火灾伤亡和损失。

消防安全对学生的教育意义有以下几方面：
  1.提高学生的消防安全意识。通过消防安全培训，让学生了解火灾对人类生命财产安全的威胁，警钟长鸣。
  2.帮助学生掌握逃生知识。包括如何扑救初起火灾、如何报火警、如何疏散逃生等。
  3.增强学生在防火安全方面的责任。包括不占用消防通道、发现火情及时报警、疏散时的注意事项等。

活 动 重 点 和 难 点

重点：消防安全常识。
难点：掌握灭火器使用方法，认识常用消防标志，掌握逃生自救方法。

教师准备:PPT 课件和视频等。
学员准备:组织学生分组。每组选出 1 名组长,负责组内课堂纪律,组织讨论交流等。

一、导入主题
教师讲述火灾案例并带领学生观看视频。

> **案例一**
> 2008 年 11 月 14 日早晨 6 时 10 分许,上海商学院徐汇校区宿舍楼 602 女生寝室失火。因室内火势过大,慌乱中门打不开,1 位女大学生从 6 楼寝室阳台跳楼,另 3 位跟着跳楼,均当场死亡。
>
> **案例二**
> 2008 年 3 月 13 日下午 6 时左右,东南大学四牌楼校区动力楼发生大火,顶楼四楼大部分被烧毁。1 个多小时后火势得到完全控制,没有人员伤亡,引发火灾事故的原因是电线短路。
>
> **案例三**
> 2009 年 3 月 10 日上午 11 时 45 分左右,上海大学嘉定校区第一教学楼突然起火。由于事发时正值午饭时间,火灾并未造成人员伤亡。据了解,起火地点是数码艺术学院演播厅,里面有移动舞台、幕布以及多部灯光照明设备,电线线路比较复杂。事发前期经常有该学院的学生在此制作各种电视节目,使用灯光照明设备,不排除是电器使用不当引发火灾。

教师问:看完视频大家有何感受?
学生分组讨论,说出感想,以增强火灾预防意识。
教师:大火无情,但我们可以通过努力做好预防工作,减少火灾发生。

二、学习各类消防安全标志
下面,我们要了解消防安全标志。

1.认识各类消防安全标志(出示防火安全标识)。

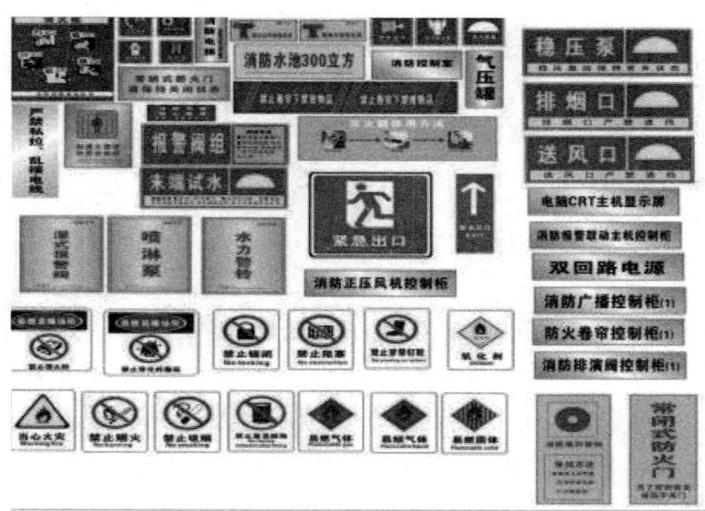

2.出示各类标志图案。这些标志分别代表什么意思?
3.大屏幕展示:消防安全标志的意义。
师生共同识记重要标志及意义:
(1)火灾报警和手动控制装置标志:消防手动启动器、火警电话等。
(2)紧急疏散途径的标志:紧急出口、疏散通道方向等。
(3)灭火设备的标志:灭火器、消防栓等。
(4)具有火灾危险性的地方或物资的标志:禁止用火等。
(5)其他类型:禁止带火种、当心触电等。

三、学习灭火器的使用

1.灭火器的种类及使用说明。
(1)泡沫灭火器
灭火原理:泡沫的灭火原理主要是冷却、窒息作用原理。即在着火的燃烧物表面上形成一个连续的泡沫层,通过泡沫本身和所析出的混合液对燃烧物表面进行冷却,以及通过泡沫层的覆盖作用使燃烧物与氧隔绝而灭火。
适用范围:可用来扑灭 A 类火灾,如木材、棉布等固体物质燃烧引起的失火;最适宜扑救 B 类火灾,如汽油、柴油等液体火灾;
(2)干粉灭火器
灭火原理:靠干粉中的无机盐的挥发性分解物,与燃烧过程中燃料所产生的自由基或活性基团发生化学抑制和负催化作用,使燃烧的链反应中断而灭火;靠干粉的粉末落在可燃物表面外,发生化学反应,并在高温作用下形成一层玻璃状覆盖层,从而隔绝氧,进而窒息灭火。另外,还有部分稀释氧和冷却作用。

适用范围:干粉灭火器适用于易燃、可燃液体、气体及带电设备的初期火灾;

(3)二氧化碳灭火器

灭火原理:二氧化碳灭火剂是将二氧化碳以液态的形式加压充装于灭火器中。释放后能够稀释空气中的氧浓度,使之达到燃烧的最低需氧量以下,使火自动熄灭。

适用范围:适用于扑救B类火灾,即图书档案、珍贵设备、精密仪器、少量油类及其他一般物质的初期火灾。

2.灭火器的使用操作步骤:

(1)一手握住灭火器把手,一手拔下保险销和铅封;

(2)立于上风口位置,握紧喷管距下端三分之一处,压下手柄,对准火源根部扫射。

比一比

火灾发生时如何自救

1.绳索自救法:将绳索一端拴在门、窗档或重物上,人沿绳索另一端爬下。下爬过程中,脚要成绞状夹紧绳子,双手交替往下,并尽量使用手套、毛巾将手保护好。

2.匍匐前进法:由于火灾发生时烟气大多聚集在上部空间,因此在逃生过程中应尽量将身体贴近地面匍匐或弯腰前进。

3.毛巾捂鼻法:火灾烟气具有温度高、毒性大的特点,人一旦吸入后很容易引起呼吸系统烫伤或中毒,因此在疏散中应用湿毛巾捂住口鼻,以起到降温及过滤作用。

4.棉被护身法:将棉被或毛毯、棉大衣浸泡水后披在身上,确定逃生路线后用最快速度穿过火场。

5.跳楼求生法:火场切勿轻易跳楼!在万不得已的情况下,住在低楼层的居民可跳楼逃生,但要选择平坦的地面作为落脚点,并将席梦思床垫、沙发垫、厚棉被等软物体抛在地面做缓冲物。

6.管线下滑法:当建筑物外墙或阳台边上有落水管、电线杆、避雷针引线等竖直管线时,被困人员可借助其下滑至地面,应注意一次下滑时人数不宜过多,以防止因管线损坏而致人坠落。

  7.楼梯转移法:当火势自下而上迅速蔓延将楼梯封死时,住在上部楼层的居民可通过老虎窗、天窗等迅速爬到屋顶,转移到另一家或另一单元的楼梯疏散。

  8.卫生间避难法:当实在无路可逃时,可利用卫生间避难。用毛巾紧塞门缝,把水泼在地上降温,也可躺在放满水的浴缸里躲避。千万不要钻到床底、阁楼、大橱等处避难,因为这些地方可燃物多,容易聚集烟气。

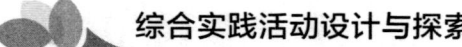

  1.在整个活动过程当中,教师要利用现有教学设备让学生体验并掌握所学知识及技能。
  2.组织学生讨论已经基本掌握的逃生技能。
  3.组织学生打扫卫生,清洗用具,物品归位,摆放整齐,以备下次活动使用。

  生命如此美好,但躲在和平、文明背后的火魔正在窥视我们。所以增强学生的火灾预防意识,提高学生的逃生自救能力,责任重大,刻不容缓。

(指导教师:马英红)

地震科普

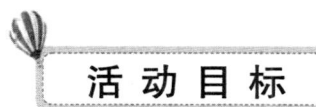

知识目标：了解地震的由来，及地震前的征兆及防震措施。
能力目标：掌握避震措施，能在地震中自救、互救。
情感、态度与价值观目标：大力宣传地震科普知识，珍爱生命，关心他人。

认 识 地 震

地震，又称地动、地振动，是地壳快速释放能量过程中造成的振动，期间会产生地震波的一种自然现象。地球上板块与板块之间相互挤压碰撞，造成板块边沿及板块内部产生错动和破裂，是引起地震的主要原因。

地球表层的岩石圈。地壳岩层受力后快速破裂错动引起地表振动或破坏就叫地震。

由于地质构造活动引发的地震叫构造地震；由于火山活动造成的地震叫火山地震；固岩层（特别是石灰岩）塌陷引起的地震叫塌陷地震。

地震是一种及其普通和常见的一种自然现象，但由于地壳构造的复杂性和震源区的不可直观性，关于地震特别构造地震，它是怎样孕育和发生的，其成因和机制是什么的问题，至今尚无完满的解答，但目前科学家比较公认的解释是构造地震是由地壳板块运动造成的。

地震自救的安全教育活动，意在增强学生的自我保护意识，使学生初步学习一些自救方法。因为学生可能没遇到过类似事情，没有直接经验，只是间接地接收到一些有关地震的救援信息。为了让学生更深刻地了解和熟悉地震发生时的情况和自救方法，我们组织了这次活动。

活动重点和难点

重点：初步了解地震带来的后果，知道地震是一种自然灾害。
难点：掌握地震发生时的自救常识。

活动准备

1.有关地震的资料图片。
2.枕头、桌子、盆子、毛巾、水等物品。
3.动画课件、PPT课件。

活动过程

一、引导学生认识地震（播放视频动画，展示地震场景）

1.让学生观看有关地震的动画，体会地震时的感觉。

教师：今天，老师给你们带来了一段动画片，我们一起来看一看。

教师：你们刚刚看到了什么？地震给我们带来了哪些灾害？

2.请学生观看地震引发灾害的图片（房屋倒塌、财物损失、山体滑坡、人员伤亡等）。

3.了解地球的内部结构和板块构造，知道为什么会发生地震（教师利用地球仪讲解地球内部构造及地震形成原因）。

（1）地球的构造（播放视频课件）。

（2）地震是怎样形成的（学生讨论回答，教师点评讲解）。

全球每年平均要发生1500万次地震，每两秒就有1次地震发生。这些地震绝大多数都很小，只能用灵敏的仪器才能观测到。能够形成灾害的地震，全球每年只有1000次左右，其中能造成重大灾害的大地震，平均每年只有十几次。

4.了解纵波和横波（教师利用纵波和横波演示仪讲解，学生体验）。

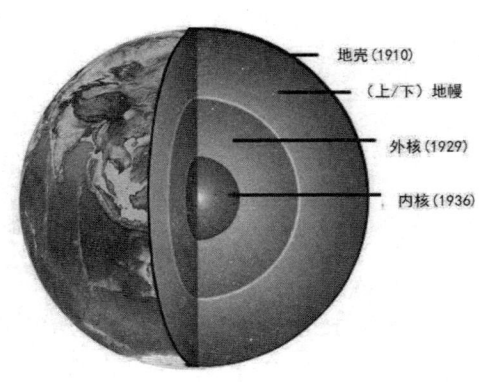

地球的内部结构

二、引导学生学习有关地震的自救知识（动画演示、多媒体展示）

1.**教师**：地震会给我们带来这么大的损失，如果地震突然发生，我们应该怎样保护自己呢？

2.教师和学生一起讨论，讨论后请学生观看自救动画。

比一比

1.地震知识抢答。教师讲解比赛规则后，学生分组抢答。答对得分，答错扣分，最后评出优秀组。

2.地震脱险大闯关（多媒体展示）。

学生分组进行地震脱险大闯关比赛。模拟地震场景，让学生身临其境，进行自救互救。根据用时长短和失误次数多少评选出3个优胜组。

小结：地震到来时根据所处不同环境，及时到安全处躲避，如桌子底下、床底下、家里的卫生间等，待地震停止后及时跑到空旷处。跑的时候要用身边物品或手保护好头部。

组织学生进行地震演习。

1.**教师**：现在我们知道了这么多在地震中自救的方法，如果发生地震，你会怎么做？现在我们来进行一次地震演习。当听到警报响时，你们赶快想办法自救。

2.给学生展示已准备好的自救场景。

3.提示学生奔跑时应注意的事项。

4.给学生讲解演习流程。

警报响起,说明地震来了,教师组织学生找好躲避地方。警报停止,说明地震已停,教师迅速组织学生有序地往空旷处转移。

活动总结

教师归纳总结本节课所学知识,根据地震知识抢答和地震脱险闯关中学生的表现加以点评,评选出优秀学生。

活动延伸

地震是极其严重的自然灾害,人类至今还不能做到准确预测。我们只有多学习和演练自救方法,才能有效保护自己。记住把今天学到的自救方法与家人、朋友分享。

(指导教师:李芳芹)

布艺制作

知识目标：使学生了解作品创意的重要性，掌握布艺作品制作步骤和方法。

能力目标：培养学生的创新意识，锻炼学生独立完成作品的能力。

情感、态度与价值观目标：通过学生自己动手操作，激发学生热爱生活、热爱劳动的热情，为丰富自己的人生打下基础。

认识布艺

布艺即指布上的艺术，是一种以布为原料，集民间剪纸、刺绣、制作工艺为一体的综合艺术。到了现代，布艺有了新的含义，有了艺术性以满足人们的生活需求。可分为餐厅类、厨房类、装饰与陈设类。学习布艺制作不仅锻炼同学们动手动脑能力、培养做事细心的良好习惯，还可以了解我国丰富多彩的民族文化，激发热爱祖国的情感。

活动重点和难点

重点：针法的掌握、运用、拓展。

难点：作品设计与制作。

各色布料、剪刀、针、线、拉链、笔、纸等。

综合实践活动设计与探索

一、问题导入

同学们,如果衣服不小心被剐破了,你会怎样处理?

有没有想过将自己不穿的衣服重新制作再利用呢?

(多媒体展示课题,并交代教学目标。)

二、介绍布艺常识

中国古代的民间布艺主要用于服装、鞋帽、床帐、挂包、背包和其他小件的装饰(如头巾、香袋、扇带、荷包和手帕等)以及玩具等。布艺在现代应用更加广泛,除以上种类,还包括沙发、窗帘、床单、被罩、枕头等。

布艺的三个特点:经济性、实用性、观赏性。

三、欣赏布艺实物及图片(多媒体展示)

引导学生从质地、色彩、款式等方面赏析。

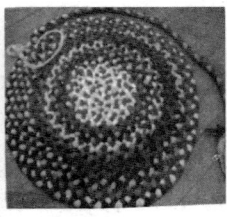

四、介绍布艺制作的步骤和基本针法

1.布艺制作的基本步骤及注意要点(配合学生作品讲解要点)。

(1)设计:要求学生设计时应注意作品的实用性和观赏性。观赏性主要表现在装饰上,学生可发挥自己创意。

(2)剪裁:剪裁时要留出缝合的边缘,即剪得大一点。此外,要求学生在裁剪布料时要考虑布局,怎样剪合理,怎样剪才能更节省布料。

(3)缝制:用常用针法进行缝制,缝前线要打结,缝完要压线或回针,同时要注意安全。

2.介绍常用针法(多媒体展示图解)。

(1)平针

(2)回针

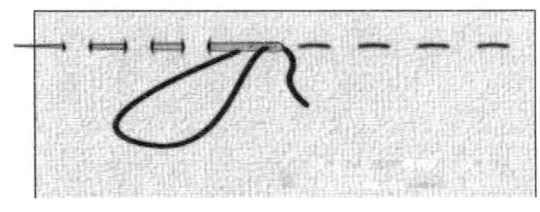

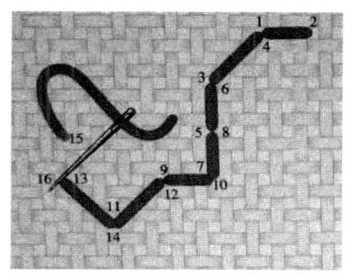

针尖后退式的缝法,这是一种类似于机缝、并且最牢固的手缝方法。常用来缝合拉链、裤裆等牢固度要求较高的地方。

(3)卷边缝

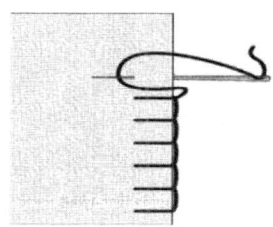

(4)锁边缝

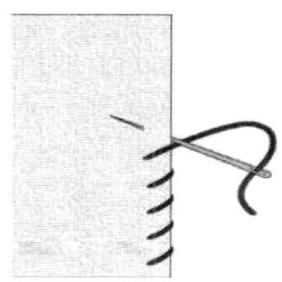

五、教师示范 学生创新实践

1.教师展示:教师用一些不规则的、普通的布头做出一些简单而又形象的作品,使学生知道只要肯动脑、巧妙构思,就一定会制作出出色的作品。

2.两个同学一组共同设计、完成一件布艺作品。如钱包、笔袋或布玩具等。

教师检查并及时给予指导。

第一步:构思作品。

学生自己设计图纸,教师可根据情况适当加以点评,主要是鼓励学生的创新精神,并对学生创意进行审核。

第二步:领布料,剪出布样。

学生在领面料时,教师要为学生把好颜色搭配这一关。

第三步:缝制作品。

在缝制过程中,教师要参与其中,对出现的问题及时解决。

第四步:完成作品并命名。

六、成果展示

作品完成,按小组展示,以便让学生互相学习。每个小组可评出优秀作品1件。

教师总评,评出"最佳设计奖"和"最佳手工奖"。

活 动 总 结

同学们,今天我们用身边随处可见的布头创作出一件件生动有趣的布艺作品。相信通过今天的实践,大家以后会利用生活中更多不起眼的物品,创作出更新、更奇的布艺作品,让我们一起去创造生活中的美。

(指导教师:高妮)

象棋技艺

知识目标: 让学生了解象棋悠久的历史和丰厚的文化。
能力目标: 让学生学会下棋,初步掌握对弈技巧。
情感、态度与价值观目标: 在象棋对弈过程中,开发学生智力,培养良好棋风,促进学生全方面发展。

认 识 象 棋

象棋在中国有着悠久历史,属于二人对抗性游戏的一种。由于用具简单,趣味性强,成为流行极为广泛的棋艺活动。象棋是我国正式开展的78个体育运动项目之一,为促进该项目在世界范围内的普及和推广,2009年2月23日,将原名"中国象棋"更名为"象棋"。象棋是一项模拟战争的体育运动,蕴含着丰富的知识与智慧,取得比赛胜利需要敏锐的思维和复杂的分析。学习和研究象棋,对开发青少年智力大有益处。

活 动 重 点 和 难 点

重点: 培养学生对象棋的兴趣。
难点: 掌握象棋对弈技巧。

准备象棋、棋盘及多媒体课件。

活 动 过 程

一、问题导入

你印象中的象棋是怎样的？

先让学生简单介绍一下。

教师介绍：这节课我们要学习的是象棋。走棋就像两军作战，双方都要充分调动自己的兵力攻击对方。一旦对方将或帅被杀，另一方即获胜。

二、认识棋盘

棋子活动的场所叫作"棋盘"。在长方形的平面上，9条平行竖线和10条平行横线相交，共有90个交叉点，棋子就摆在交叉点上。中间部分，也就是棋盘的第5、第6两横线之间未画竖线的空白地带称为"河界"。两端的中间，也就是两端第四条到第六条竖线之间的正方形部位，以斜交叉线构成"米"字方格的地方，叫作"九宫"（有九个交叉点），象征着中军帐，是将帅活动区域。当对方棋子逼近时，通常要转为防守。

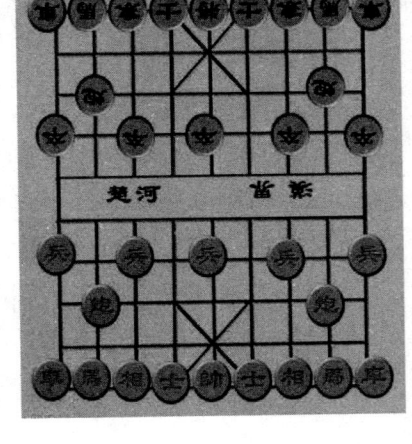

棋盘术语：

中线：棋盘中第5条直线，五(5)代表中路。

肋道：中线左右的四、六(4、6)路，属于攻防要道。

边线：棋盘的一、九(1、9)路纵线。

河界线：双方从下向上数第五条横线。

兵行线(卒林线)：也叫"上二路"。双方从下向上数第四条横线，兵(卒)的初始位置所在横线。

宫顶线：双方从下向上数第三条横线，九宫的最高位置。

底二路：双方从下向上数第二条横线。

底线：双方最低的一条横线。

巡河：一方的棋子(一般指车、炮)在己方河界上。

骑河：一方的棋子在对方河界上。

三、认识棋子

象棋是一种双方对阵的竞技项目。棋子共有32个，分为红黑两组，各有16个，由对弈双方各执一组。

棋子种类说明如右表。

红方名称	黑方名称	每方棋子数	可以到达的范围
帅	将	1	己方九宫内
车	车	2	全盘任何位置
炮	炮	2	全盘任何位置
马	马	2	全盘任何位置
相	象	2	己方区域内（实际上是7个特殊棋位）
仕	士	2	己方九宫内（实际上是5个特殊棋位）
兵	卒	5	起始位置及向前一步的位置，敌方所有棋位

帅与将，仕与士，相与象，兵与卒的作用完全相同，仅仅是为了区别红棋和黑棋而已。

四、棋子走法

帅（将）

帅（将）是各自一方首脑，是双方竭力保护和攻击的目标。它只能在九宫之内活动，可上可下，可左可右，每次走动只能按竖线或横线走动一格。帅与将不能在同一直线上直接对面，否则走方判负。

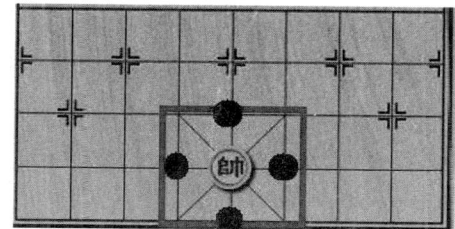

仕（士）

仕（士）是将（帅）的贴身保镖，它也只能在九宫内走动。它的行棋路径只有九宫内的四条斜线。

相（象）

相（象）的主要作用是防守，保护自己的帅（将）。它的走法是每次循对角线走两格，俗称"象飞田"。相（象）的活动范围限于河界以内本方阵地，不能过河，且如果它走的田字中央有一个棋子，就不能走，俗称"塞象眼"。

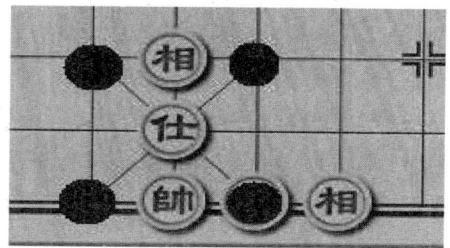

车

车在象棋中威力最大，无论横线、竖线均可行走，只要无子阻拦，步数不受限制。因此，一车可以控制 17 个点，故有"一车十子寒"之称。

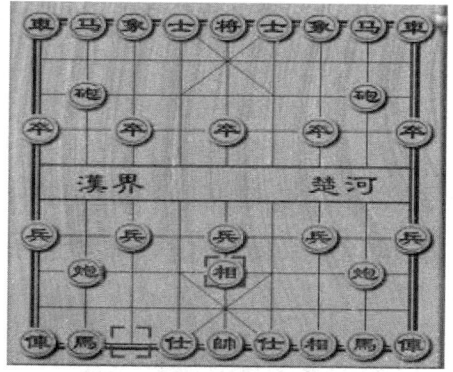

炮

炮在不吃子的时候，移动与车完全相同。当吃子时，己方和对方的棋子中间必须间隔 1 个棋子（无论对方或己方棋子），炮是象棋中唯一可以越子的棋种。

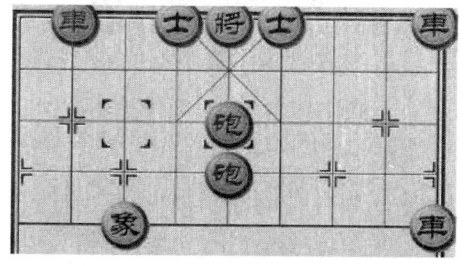

马

马走动的方法是一直一斜，即先横着或直着走一格，然后再斜着走一条对角线，俗称"马走日"。马一次可走的选择点可以达到四周的八个点，故有"八面威风"之说。如果在要去的方向有另外棋子挡住，马就无法走过去，俗称"别马腿"。

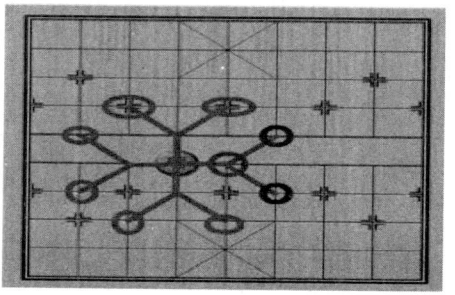

兵(卒)

兵(卒)在未过河前,只能向前一步步走,过河以后,除不能后退外,允许左右移动,但也只能一次一步,即使这样,兵(卒)的威力也大大增强,故有"过河的卒子顶半个车"之说。

运子规则口诀:马走日,象走田,炮是隔子打,卒子一去不还乡等。

五、根据学生对棋艺的接触情况分组 领棋进行实践活动

原则上每组都要有会下棋的学生,教师注意巡堂指导,发现问题及时解答。也可适当参与,与学生对弈。

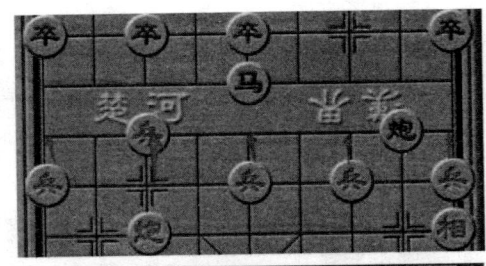

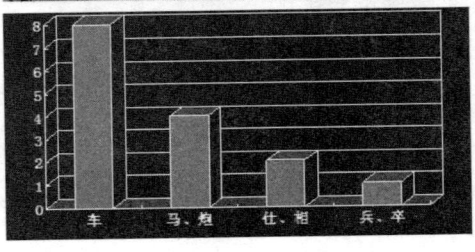

六、棋艺比赛

学生进行棋艺比赛,以组为单位进行,活跃课堂气氛,增加学生活动成就感。

七、活动评价

学生互评:以组为单位,学生互评,评出优秀学生。

教师评价:根据学生出勤、组织纪律及活动效果进行评价,用A、B、C、D四个级差打出学生的活动成绩。对优秀学生予以表扬,让成绩不理想者对照比较,从中找出不足,然后让学生在课余和假期多加练习。

活 动 总 结

教师对本节课的组织情况以及学生在活动中出现的问题和活动效果做出反思和总结。进一步完善课堂活动教学,以便更好地做好培训工作。

(指导教师:王乐信)

沙雕艺术

活动目标

知识目标：使学生初步了解沙雕的制作材料、工具、技法等。
能力目标：培养学生的造型能力、形象思维能力、动手操作能力。
情感、态度与价值观目标：体验沙雕魅力，体会童年玩沙子的乐趣。

认识沙雕艺术

　　沙雕作为一种艺术形式起源于美国。20世纪初，在美国佛罗里达州和加利福尼亚州海岸举行了各种沙雕竞赛和活动，由美国人格雷·科克首创。经过百余年发展，沙雕已成为一项融雕塑、绘画、建筑、体育、娱乐于一体的艺术。其真正魅力在于以纯粹自然的沙和水为材料，通过艺术创作，呈现出迷人的视觉奇观。沙雕艺术体现自然美与艺术美的和谐统一，体现人与自然的亲和力，以其特有的艺术品位与魅力风靡全球。

1. 锻炼学生的耐心和细心，培养学生的心理承受力。
2. 提高学生的想象力和创造力，增强学生动手能力和团队合作意识，促进学生心智发展。

活动重点和难点

重点：初步了解沙雕的制作材料、工具、技法等，制作简单的沙雕作品。
难点：体验沙雕魅力，培养学生的造型能力、形象思维能力、动手操作能力。

1.教师上课用的PPT课件和视频。
2.学生活动所需要的工具及材料:水、沙子、胶水、塑料桶、平铲、泥瓦刀、削尖的筷子或冰棒棍。

一、情境导入

1.大家喜欢在沙滩上嬉戏、放风筝、野炊,在沙滩上寻找"神奇宝贝",可是你们知道沙子也能表达我们的思想和情感吗?这节课,就让我们一起走入沙雕世界,感受美妙的大地艺术。

2.出示课题:大地艺术——沙雕。

二、认识沙雕和制作工具

沙雕制作常用工具:结合实物进行。

三、欣赏沙雕(视频和图片)

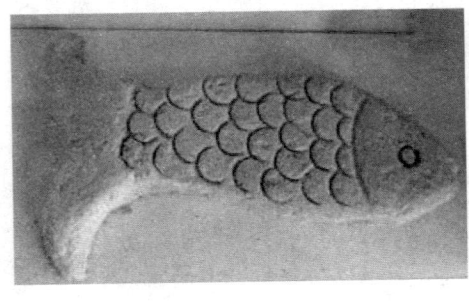

四、介绍制作过程

堆沙:制作沙雕的第一步。一般而言,形体在1.8米以上的大型沙雕用模板堆沙,形体较小的小型沙雕用手工堆沙,堆沙时应遵循金字塔式结构原则。

切大块面:根据沙雕内容,用大铲刀把形体大的块面切割下来,应自上而下留较多余地,以便逐步深入并保证沙堆的牢固,自上而下完成,直至底部。

喷胶:分几天完成的大型沙雕单体,一般在一天工作结束前喷胶,其余时间尽量喷水防止风化。一天之内完成的小型沙雕,则在完成后全面喷胶。喷胶必须均匀、全面,不放过每一个细节。

教师：同学们可以在组内一起商量，你们想做个怎样的沙雕？先来设计一下吧。

1.出示要求：设计时要明确设计主题，例如：以"热闹的海边""我的动物宝贝"等为主题（作品的表现要与主题贴切）。

2.小组讨论，展开想象，确定设计主题。

3.集体合作起草设计图。

4.动手完成作品。

展示作品　感悟收获

1.展示作品，让每个组都说说自己的作品有什么寓意。

2.自由谈论制作沙雕的感悟和收获。

3.给学生和他们的作品拍照留念。

活 动 总 结

通过开展沙雕欣赏与制作，开阔学生视野，提高学生审美能力，提升学生感知能力和形象思维能力。

活 动 延 伸

沙雕作品的感染力在于它是即时性美的创造。有机会和家人去参加沙雕艺术节，感受沙雕艺术魅力。

（指导教师：赵竹花）

综合实践活动设计与探索

感 恩 教 育

知识目标:体会别人关心帮助自己时的付出与爱心,做到知恩于心。
能力目标:懂得回报帮助关心自己的人,做到感恩于行。
情感、态度与价值观目标:通过感恩教育活动,学会帮助别人、报效国家。

现在的中小学生大多是独生子女,在家娇生惯养,习惯于父母与别人的帮助,很多时候一味索取,不懂得感恩与回报他人。所以孩子的成长教育必须补上这一课——感恩教育。

适合五年级以上的中小学生。

50分钟左右为宜。

活 动 重 点 和 难 点

重点:知恩于心,感恩于行。
难点:感恩于行动中,学会帮助别人。

PPT课件、感恩卡、笔。

活 动 过 程

一、组织教学（约5分钟）

1. 学生有序进入教室并依次坐好。
2. 清点学生人数，查明学生出勤情况。
3. 要求学生不要乱插、私接电源，特别是不要用湿手去插电源插头。
4. 提醒学生不在教室中打闹，防止磕碰受伤。
5. 提醒学生上下楼梯时不奔跑，不跳楼梯，不从高处往下跳，不爬栏杆，不滑扶手，不做有危险的活动，特别是楼道拥挤时必须靠右走。
6. 提醒学生不准带锥、刀、剪等锋利、尖锐的工具及图钉、大头针等文具，不准做与教学活动内容无关的事。

二、问题导入（约5分钟）

1. 请大家说一下父母是怎样养育我们的？他们给予我们哪些帮助？
2. 我们帮助父母干了些什么？举例说明。

三、观看靳雅佳感恩教育讲座（约30分钟）

四、学生总结与深思（约10分钟）

通过观看视频，大家总结一下父母是怎样养育我们的。

同时看图片思考：今后我们应该怎么去做？

综合实践活动设计与探索

十月怀胎冒着生命危险生下我们、一把屎一把尿拉扯我们长大、起早贪黑地拼命挣钱供我们上学……他们辛苦一生,我们应该怎样对待父母呢?

希望大家要一直记住这堂课,不要去搞攀比,要好好学习、孝敬父母,最后制作感恩卡赠给父母。

齐声朗读

感激帮助我们的人,因为他们使我们渡过难关;

感激关怀我们的人,因为他们给我们温暖;

感激鼓励我们的人,因为他们给我们力量;

感激教育我们的人,因为他们开化我们的蒙昧;

感激伤害我们的人,因为他磨炼了我们的心志;

感激蔑视我们的人,因为他警醒了我们的自尊;

——感激让我们成长的人!

比一比

展示作品 感悟收获

各小组轮流展示作品,介绍构思及感人事迹。

活动总结

通过对学生开展感恩教育,唤醒他们的感恩意识,懂得爱父母和爱老师、爱同学、爱自然、爱社会是每个人必具的情怀。在此基础上,让学生的感恩情怀化为具体行动,形成良好的品德和健全的人格。

学生回家后,至少给父母洗一次脚,留心一下父母脚底的茧子,仔细观察父母脸上因劳累而产生的皱纹,跟父母说说知心话,让父母感觉到自己的孩子长大了、懂事了!

(指导教师:孙衍庆)

魔术探秘

活动目标

知识目标：引导学生学会观察、探究。

能力目标：通过观察、实践、探索，让学生掌握魔术基本法则，并尝试创编新魔术。

情感、态度与价值观目标：培养学生的好奇心和求知欲，激发学生热爱科学的感情，树立科学人生观，培养学生的合作、分享和创新精神。

认识魔术

魔术在中国被称为幻术，民间俗称变戏法，在中国有着悠久历史，后来受西方影响，改名为魔术。它是以不断变化让人捉摸不透并带给观众惊奇体验为核心的一种表演艺术。

活动意义

帮助学生了解魔术特点，培养学生对魔术的欣赏能力，提升学生的好奇心和求知欲，激发他们探究科学的热情。

活动重点和难点

重点：领悟魔术中蕴含的道理和窍门。

难点：探究、创新能力的挖掘和培养。

魔术探秘

活 动 准 备

微课视频、课件、魔术资料、魔术道具、魔术礼帽、魔术披风、特制魔术扇子、鸡尾酒杯、红手帕、彩色亮片和两张扑克道具。

活 动 过 程

一、导入

1、展示图片，提问问题：同学们，你们认为图片中的同学在做什么呢？你们了解魔术吗？知道刘谦这个名字吗？你看过别人表演魔术吗？想不想学习魔术？那么就请你们跟随老师一起探索魔术的奥秘吧。

2.课件演示，出示魔术资料，让学生了解魔术起源以及魔术原理。

二、掌握操作步骤 完成魔术表演

1.破扇还原

教师介绍道具，表演破扇还原。

表演效果：一把神奇的扇子，看似破烂，瞬间又修复还原。

表演道具：特制魔术扇子。

表演准备：必须先清楚道具的机关方向。

表演步骤：

（1）将扇子拿在手里记住机关方向，先将扇子向呈破损方向展开。

（2）然后将扇子合起，假装施一点魔法，将扇子完好展开。教师边做边说：见证奇迹的时刻到了。

2.幻变扑克

表演效果：魔术师会使扑克在你眼前瞬间变色。

表演道具：两张道具扑克。

表演准备：幻变扑克为特制道具，其正面有一张滑块，当滑块滑到一端时扑克牌为Q面；相反，当滑块滑到另一端，扑克展示的则是K面。首先我们将两张扑克的K面展示出来，然后用两只手捏住扑克上的滑块，准备好以后开始表演操作。

表演步骤：

(1)向观众展示手中的两张扑克K，然后双手摆动，当两张扑克牌重合时将被遮住的那张扑克牌滑块放下，再次展开时，观众会发现K变成了Q。

(2)将另一张扑克牌翻转面向自己，松开滑块，这时K也神奇地变成了Q。

3.鸡尾酒变色

表演效果：一杯神奇的鸡尾酒在魔术师手里瞬间变色。

表演道具：鸡尾酒杯、红手帕、彩色亮片两张。

表演准备：将一张正红反绿的三角形亮片放入鸡尾酒杯中，倒入少量清水。

表演步骤：

(1)左手拿起鸡尾酒杯，将红色面对向观众，告诉观众这是一杯红色鸡尾酒。(2)然后拿起一条红色手帕，向观众展示这是一条没有问题的、很普通的手帕。拿起手帕轻轻在酒杯红色面摩擦，遮住观众视线，继而用手帕盖在酒杯上，在拉下手帕同时，左手将酒杯旋转半周，将绿色面朝向观众，观众会惊奇地发现红色鸡尾酒变成了绿色。(3)接着再将手帕盖在酒杯上，假装施一点魔法，从酒杯上方隔着手帕捏住酒杯中的亮片，因为有手帕遮住，观众就不会发现亮片存在，只会发现鸡尾酒变成无色清水。

4.千变魔法袋

学习操作：将魔法袋底部拉链打开，用手从魔法袋中穿过，告诉学生魔法袋是空的，因为要变的东西被事先藏在暗格中，所以别人看不见。确定魔法袋没有东西后，将拉链关闭，假装施魔法，吸引别人注意力，这时握着魔法袋手柄的手，趁机将开关拨向另一边，将袋子暗格打开。这时将手伸入魔法袋中，将藏好的物件拿出来，学生们一定会觉得非常神奇。

1.让学生以小组为单位自由练习表演。
2.小组内互教互学。

比一比

展示作品 感悟收获

1.展示作品。让学生充分发挥想象力,积极上台表演。其他同学认真观察,进行有效交流。

2.让学生谈谈自己学习魔术表演的感觉和收获。教师对学生的魔术表演进行评价。

活 动 总 结

通过活动,学生对魔术有了更深的认识,懂得了魔术中蕴含的科学原理,从而激发学生爱科学的热情,树立科学人生观。

   活 动 延 伸

1.课外调查街头曾出现的种种骗术。
2.揭穿街头骗术。
3.总结魔术与骗术的不同点,提高学生的判断能力。

(指导教师:赵竹花)

综合实践活动设计与探索

动漫世界

知识目标:了解动漫概念和动画原理。
能力目标:学会简单动漫作品的设计。
情感、态度与价值观目标:理解交互动漫对创新思维能力的积极作用,学会使用相应动漫作品拓展自己的创新思维能力。

动漫是动画与漫画的有机结合,即漫画的内容+动画的表现形式,也就是我们看的动画片等。动画原理:动画是利用"视觉残留"原理,通过快速播放一系列连续画面,使人产生画面在运动或变化的感觉。

通过赏析、思考和实践,提高学生的思维能力、审美能力、交流能力和创新能力;提高学生对国产动画的认识度,认识当今中国动漫发展趋势,激发学生的民族自豪感和使命感。

活动重点和难点

重点:初步学会使用 flash,制作简单逐帧动画。
难点:flash 软件的操作。

课件、多媒体。

活 动 过 程

一、设置情景 导入新课
教师:你们听过《葫芦娃》的故事吗？你们是怎么知道这个故事的？
教师:今天我们一起来走进动漫世界吧！

二、动漫介绍
1.初步认识动画。
(1)动画的分类:传统动画、电脑动画。
(2)传统动画与电脑动画的区别(学生自由讨论,教师归纳小结)。
2.动画的历史及形成。
3.如何制作简单的传统动画(多媒体展示)。

三、欣赏 Flash 动画 学生上机实践
启动 Flash 播放器,打开 G:动画素材,欣赏电脑动画作品。
动漫活动的组成:动漫设计、交互动漫、动漫欣赏。
1.动漫设计:大楼的灯光。
（1）制作动画的第一幅画面。

启动 Flash,选择菜单命令"修改"—"文档",在弹出的文档属性窗口中,将背景颜色设置为深蓝色,帧频设置为4。

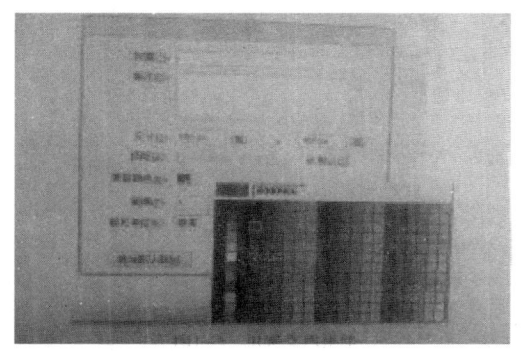

选择工具栏中的矩形工具,将边框设置为无色,填充色设置为黑色,选择对象绘制模式,在画面上绘制楼房的黑色剪影。

继续使用矩形工具,将填充色设置为黄色,在大楼剪影上绘制大楼灯光效果。

（2）制作动画的其他画面。

选择菜单单项命令插入—时间轴—关键帧(或者直接按 F6),插入帧的内容与前一帧相同,在新建画面上随机删除一个黄色矩形。

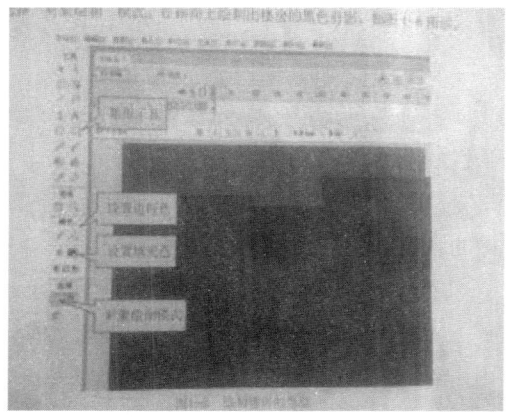

重复以上操作,不断插入帧,并在插入帧中随机删除一个黄色矩形,直到将所有黄色矩形删除掉。

（3）检查动画效果。

选择菜单单项命令"控制"—"测试影片",观看影片效果,满意后将文件保存为"夜晚灯光.fla",并使用菜单命令"文件"—"导出"—"导出影片",将动画生成Swf格式的影片。

2.交互动漫。

交互式动漫是在动漫影片中扮演相应的角色,或以第三方角色参与,根据情景要求完成相应任务的一类活动方式。

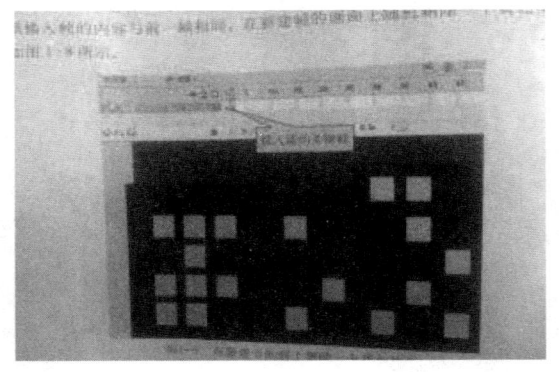

(1)交互动漫要求及效果。①交互动漫的实例需要努力思考、认真分析,才能解决问题,完成实例要求。②设想解决方案,尝试解决问题,在尝试中创新解决问题的方法。③总结解决问题的思考过程,理顺思路,举一反三。

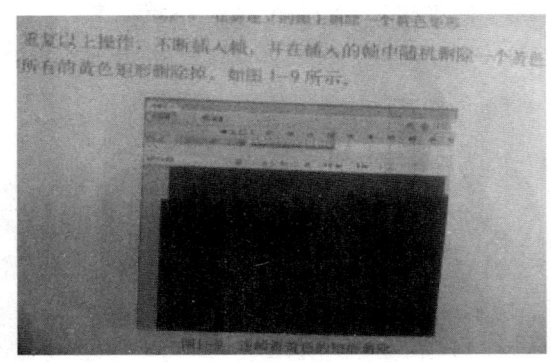

上述三点也是开拓自己创新思维能力的基本要求。

(2)交互动漫实例训练。

★智力过河

★鬼与僧侣

★过桥

★青蛙

★骑士

(3)对交互动漫的理解(学生)。①对上述任务操作的直接感受。②对上述任务操作的拓展感受。

要学会控制。

要玩就玩高雅的智力游戏,应立足于:有利于我们动手、动脑能力的培养,有利于我们个性的发展和全面的成长。

从战略高度来看,这就是一个训练我们观察能力及各种思维能力的工具。好的就用,不好的就不去碰,更不能沉迷其中。

(4)对交互动漫的理解(老师)。①形象地面对实际问题,有效地开拓观察、思考、分析和解决问题的能力。②很强的典型性,便于横向推理应用(对数理化学科的学习有较强启迪作用)。③很好的实践。通过理性探索与尝试,有效地开拓创新思维,增强实践能力。

活动总结

通过这节课的学习,同学们对动漫已经不再陌生。希望在以后学习中,大家利用所学知识不断充实自己作品。相信同学们都会有丰富的收获。

利用自己喜欢的形象,制作一件动漫作品。

(指导教师:王乐信)

综合实践活动设计与探索

数独游戏

知识目标：初步认识数独，感受它的魅力。在玩的过程中，解决颜色、水果、图形、数字所空缺的部分内容，理解各行、列、区不能重复的游戏规则。

能力目标：在解决问题过程中，培养学生观察、比较、分析、综合、推理等数学能力。

情感、态度与价值观目标：通过数独游戏，培养学生用排除法思考问题的能力，体验通过交流与团结协作获得的成功喜悦，激发学生学习数学的兴趣。

认识数独

数独源自 18 世纪出现在瑞士的一种数学游戏。盘面是个九宫，每一宫又分为九个小格。在这 81 格中给出一定的已知数字和解题条件，利用逻辑和推理，在其他空格中填入 1~9 的数字，使 1~9 每个数字在每一行、每一列和每一宫中都只出现一次，所以又叫"九宫格"。

1.培养学生观察、比较、分析、综合和推理等数学能力。

2.培养学生思考问题的良好习惯以及合作交流意识，让学生体会到成功的喜悦，从而激发其学习数学的兴趣。

活动重点和难点

重点：提高学生的观察和推理能力。

难点：学生探究、创新能力的挖掘，学生合作学习能力和自主学习能力的培养。

活动准备

课件、游戏题纸、九宫格教具纸。

活动过程

一、导入课题

教师:同学们,你们喜欢玩游戏吗?相信你们都很喜欢,老师也喜欢,今天老师将为你们介绍一款风靡全球的数学游戏——数独(板书:开心玩"数独")。

二、建立数独模型

猜一猜:一个大格子平均分成了九个小格子,把红、黄、蓝三种颜色的小方块分别填入九个小格子中,使每一行、每一列都有三种颜色,不重复出现。

教师:你准备从哪个格子开始猜?

教师:什么颜色?还有不同的想法吗?

教师:为什么?

教师:观察时,既要看行又要看列;判断时,用排除法,"不是……就是……"

教师:刚才我们从哪个格子开始猜的?为什么从这个位置开始猜?能不能从别的位置开始猜呢?

教师小结:是的,对于这道题来说,因为每一方位提供的信息量都是一样的,所以从任意的格子都可以开始猜。而当我们观察时,既要看行又要看列。

	红	
		蓝
黄		

教师:你们在短时间内就掌握了玩数独的基本方法,真令老师倍感欣慰。现在,向你们正式介绍"数独"游戏。

三、应用"数独"模型

1.介绍"数独"。

教师:(出示课件)数独(Sudoku)一词来自日语,意思是"单独的数字"或"只出现一次的数字"。概括来说,它就是一种填数字游戏。(出示课件)它是 18 世纪瑞士数学家欧拉发明的。

2.出示学具纸。

教师:这是四行四列 16 个格子的四宫数独,将 1、2、3、4 分别填入行、列、区里,不重复,你会做吗(独立完成)?

		1	
2			
		2	3
	4		

— 79 —

3.教师:这是一个有六行六列36个格子的六宫数独游戏,将1、2、3、4、5、6这6个数字分别填入行、列、区里,不重复,你会做吗?

出示六宫格。

	3	1	6	5	
6	2			1	4
1		6	2		5
2		3	4		1
5	6			4	3
	1	4	5	2	

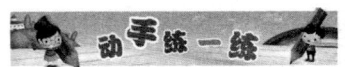

1.独立思考完成。
2.小组合作,交流探讨。
3.接力上台来贴数字卡片。

比一比

展示作品　感悟收获

1.小组展示作品,看看哪组的正确率高。
2.请同学谈一谈这节课的感悟或收获。

活 动 总 结

通过学习,同学们对数独游戏有了一定的了解和认识,能够完成一些较为简单者。同学们的观察推理能力得到提升,也体验到思考的魅力和成功的喜悦。

活 动 延 伸

再介绍一款很多人玩的数独游戏。

在九个小九宫组成的正方形大九宫的81个方格中,剔除题图中已经提供的数字,玩家将1~9个(共81个数),分别填入剩余的空格内,要求每行、每列及每个小九宫的1~9的九种数字既不能重复,也不可缺失。这个数独游戏在我国也称"九宫阵"。

一	二	三	四	五	六	七	八	九
2	6	4	3		7		1	5
3		9	2	5	4	8	6	7
5	7			9	1	3	2	4
				4	3		9	6
4	8	2		1	6		5	3
6	9	3		2	5	1		8
		2		4	3	8		
1		7	5		2	4		9
8	4		1	7		6	3	2

(指导教师:赵竹花)

智能机器

知识目标:理解机器人的基本组成及与人的关系。
能力目标:学会搭建机器人模型,学会编程并进行调试。
情感、态度与价值观目标:通过对机器人的搭建学习,激发学生对科学的兴趣。

认识机器人

机器人是自动控制机器(Robot)的俗称,自动控制机器包括一切模拟人类行为或思想以及模拟其他生物的机械(如机器狗、机器猫等)。狭义上对机器人的定义还有很多分类法及争议,有些电脑程序甚至也被称为机器人。在当代工业中,机器人指能自动执行任务的人造机器装置,用以取代或协助人类工作。理想中的高仿真机器人是高级整合控制论、机械电子、计算机与人工智能、材料学和仿生学的产物。目前科学界正在朝这一方向研究开发。

一块可编程积木是机器人(机器人指令系统)的大脑乐高机器人。它是整个用积木、马达、传感器等搭建的机器人系统的中枢,就像大脑一样控制、指挥机器人的行为。使用软件,学生可以创造、搭建、编程真正的机器人。组装和调试程序的过程可以激发学生的创新能力和动手实践能力;体验机器人的工作原理、了解机器人的工作过程,使学生掌握科学原理、学会团队合作。

活动重点和难点

重点:掌握智能机器人的设计组装方法。
难点:对"永远循环"语句有初步理解,"条件判断"语句的运用。

综合实践活动设计与探索

老师准备 PPT 课件、学生上课用的套装机器人零部件（基板、主控器、充电电池、碰撞开关、马达箱、机械齿轮、传感器、紧固件螺丝等）。

同学们玩过碰碰车吗？它是如何运行的？

试一试

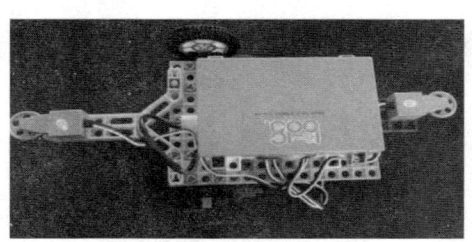

大家试一下老师做的智能碰碰车，你有什么体会？你能感受到智能碰碰车的独特吗？这个碰碰车的模型就像人的躯体，控制器就像人的大脑，里面的程序就像人的思想，你想不想自己动手做一个碰碰车机器人呢？

第一步：思考如何设计碰碰车机器人模型。

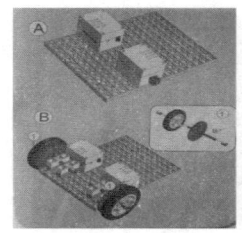  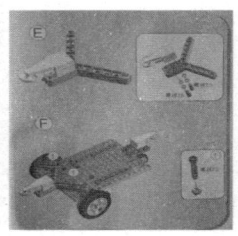 

智能机器

第二步：根据自己的想法，搭建碰碰车机器人模型。

第三步：设计一个程序，让碰碰车机器人碰到障碍物时掉头转向，继续行驶时碰到障碍物时再次掉头转向。

第四步：插好程序下载线，按下主控器上电源键，将已编好的程序下载到主控器中。

第五步：待程序下载完，再次按下主控器上电源键，关闭电源，拔出程序下载线。

第六步：分别将两个碰撞开关、减速马达连接到主控器相应端口。

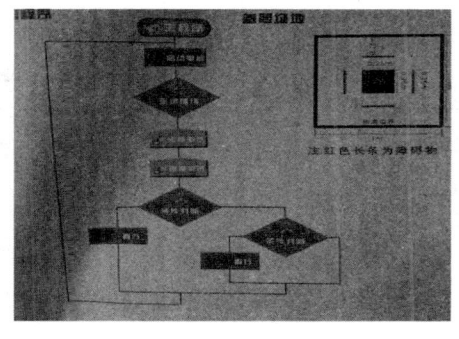

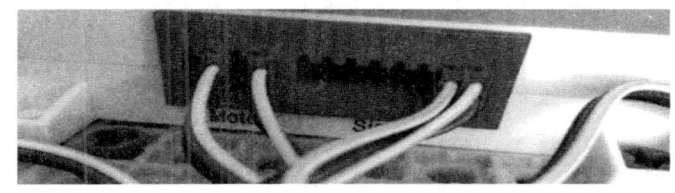

第七步：按下主控器上电源键，测试碰碰车机器人碰到障碍物自动后退再转弯。

比一比

展示作品　感悟收获

机器人设计完成后，就可以在场地内进行相扑比赛。

机器人相扑比赛的规则：场地为椭圆形，划定边界，双方机器人从指定位置启动，进行对抗，全身被推出边线的机器人出局。

活动总结

学生在了解机器人基本构件及编程方法基础上，独立进行创意组装与设计。在机器人组装过程中，通过不断地实践与创新，调试和改进机器人结构，让机器人行走和工作更加稳定、更加高效。

活动延伸

尝试改进程序，使碰碰车机器人能按确定角度转向。

（指导教师：董文秀）

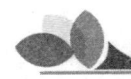

综合实践活动设计与探索

木工工艺

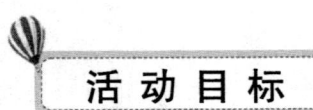

知识目标：学会正确使用锯床、磨床、钻床等常用木工工具。
能力目标：学会画线、锯割、锉削、砂磨与拼接组合等技能。
情感、态度与价值观目标：提高学生的审美情趣，树立正确的劳动观，培养合作意识和团队精神。

认 识 木 工 工 艺

　　木工，是一门工艺，一门独有的技术，它涉及开料、选料、开榫做卯以及组装等。随着科学技术日新月异，木工工具种类逐步增加，功能不断完善。如开榫机精确度越来越高；而凿子、刨子、铲子、墨斗等传统木工工具逐渐被各式各样机器所取代。

　　本次教学主要内容是"相片架的设计与制作"和设计一个简易相片架。在老师指导下，通过作品展示和演示，引发学生对不同材质和结构相片架的兴趣，学习木质材料的选料、画线、锯割、砂磨等技能，并将学得的基本技能应用于设计制作之中，尝试和体验制作的乐趣。
　　学生通过交流评价，看到别人作品的长处，取长补短，在初步学会操作技能的同时，接受并养成合作意识。

活 动 重 点 和 难 点

重点：锯割、锉削、拼接组合等操作技能。
难点：相架玻璃槽的设计与制作、相片架木料成角度粘合。

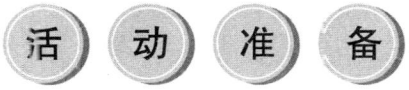

活 动 准 备

制作相片架的工具及材料：木工工具、502强力胶、101强力胶、铅笔、曲尺、量角器、圆规、砂纸等。

切割机

打磨机

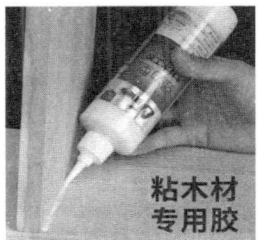
木工专用白胶

木二工具

活 动 过 程

一、提问导入

1.你喜欢拍照片吗？你最喜欢用什么方式来保存和展示照片呢？

2.如果需要一个精美的相架，你准备怎么去设计？这个相片架有哪些功能？要用到哪些材料？

二、欣赏作品并分析思考

教师提供多种样式的相片架或图片，让学生欣赏并观察这些相片架的制作材料和结构造型，分析它们的优缺点。

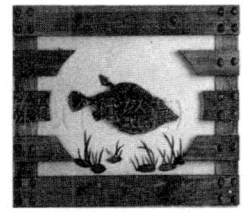

在实际生活中，人们选择相片架，要考虑相片架造型、材料、稳定性、颜色等。

根据自己的兴趣与需求,说出初步设想:

这个相片架主要放什么类型的照片?准备放几张照片?

相片架的造型是怎样的?有哪些特点?

制作这个相片架要用到哪些材料?材质有什么特别要求吗?

如何进行相片架外观装饰?

说明:问题内容的选择引导学生对教师的每一个问题都充满好奇。教师通过对作品的欣赏和分析,激发学生设计和制作积极性。之后,学生再按照自身需求和兴趣爱好,提出设计要求,有目的地收集相关资料。

三、分析制作所需的材料

制作相片架使用的材料有木料、塑料、金属等,本次所用材料为木料。在分析材料时,教师要重点介绍常见木料的特征、用途以及木料的连接方式。

1.尝试构思方案。

(1)提示学生从相片架外观造型、尺寸大小、功能结构、材料选用等方面进行分析与思考。

(2)引导学生对各自初步设想进行修正,进一步指导学生根据木质材料特点对作品进行构思。

(3)通过实物投影仪交流"我的初步设想"方案,指导学生对作品主题展开讨论。

2.设计草图。

(1)学生独立或者寻找合作伙伴设计样稿,学习用草图表达相片架的设计意图。

(2)运用实物投影仪对设计图进行展示和表达。

3.完善设计。

教师应充分发挥学生的主体性,组织学生交流,表达各自的设计意图,相互指出草图设计的合理性、新颖性,提出可以改进的地方。教师通过引导和帮助,让学生获得好的创意进行"再设计"。

4.说明。

让学生观察教具实物,分析它们的特点,探讨构思设计的方法、关键,为后续工作做准备。学生构思时,教师可适当给予一些提示,使作品更具亮点,并对出现的问题给予分析指导,让学生顺利找准设计创作切入点。

创新是从设计开始的。学生通过活动,把"初步设想"提升为"设计方案",学会用绘制草图来表达自己的设计意图,并通过交流进行再设计,确定最后方案。

四、技能体验

常用的木工工具有尺子、墨斗、锯子、锤子、刨子、凿子、钻子、木锉、砂纸、乳胶等。每种工具各有不同用途。

1. 锯

鞭打快牛,锯使两头。稳提稳下,不要硬杀;轻来轻去,不要狠锯。稳、轻、直一条线,硬、杀、狠曲曲串。使用锯子要稳、轻、直。

齿要尖,料要匀,使用不费力。锯齿锋利,料路均匀,这样的锯子才好使。

2. 刨

刨是传统家具制作的一种常用工具,由刨刃和刨床两部分构成,其历史至少可上溯到明代。

立一卧九,不推自走;立一卧八,费力白搭。以上指的是刨刃与刨底的角度。直角三角形的垂直边是一寸的话,水平边是九分,刨刀安在斜边上。两条直角边1∶0.9时角度为48.01°,1∶0.8时为51.34°。角度小,刨子能吃上力,使用比较省力,但容易戗碴儿;角度大,推起来费劲,但不容易戗碴儿。

1. 割锯时有些坯料为什么会开裂?

原因分析:

(1)操作时用力过大,拉动锯子的速度太快。

(2)锯条面对板面没有保持垂直。

(3)锯条与木料不是成20°到30°的倾角开锯,当锯条进入锯缝后,也没有注意将倾角放大到45°,再继续锯割,造成开裂。

2. 使用木锉刀锉平面时,经常发现锉刀上下摇动,造成平面挫不平,这是什么原因造成的?

原因分析:

握锉刀的姿势不正确。教师只要稍稍示范一下即可。

1. 强调安全。

在学生制作过程中,教师巡堂指导,随时指出存在的问题。

2.提醒学生注意以下问题：

(1)框架外框和框条的拼角有交叉拼接、直角拼接和45°拼接等，请学生根据自己的实际情况选择。

(2)拼接45°角时，画线工具可用量角器、角尺固定角、正方形的对角线等，哪种方法合适就用哪种。

展示作品　感悟收获

1.自评：通过实物投影仪展示自己作品，同时介绍特点及功能，交流设计经验和感受。

2.互评：组织学生对评价展示作品，指出作品的实用性、合理性、新颖性，提出具体、实用的改进意见或建议。

3.师评：坚持以鼓励为主，允许学生对问题的解决提出不同方案，引导学生从多角度进行评价，善于捕捉学生作品的亮点并加以表扬。

活动总结

学生活动兴趣很大，热情很高，能体会到动手快乐，基本上能够完成相架制作。小组合作培养了学生的合作能力，各种不同风格、不同形状的相架充分展现了学生的创造力。

试一试，设计一个不仅能放照片，还兼有其他功能的相架，让学生画出设计图纸，并详述设计方案。通过这一活动，让学生及时发现问题、解决问题，增强学生自信心和创新意识，激发学生创作欲望。

（指导教师：张树坤）

衍纸艺术

知识目标： 认识衍纸艺术特色，感受其魅力。

能力目标： 运用技巧对纸张握、捏、抓、捻、拉、拽，创造出各种基本造型，制作出我们想要的衍纸作品。

情感、态度与价值观目标： 在活动中了解、熟悉、掌握运用各种方法，获得积极体验，提升实践能力。培养合作、分享、创新精神，激发关爱他人、关注社会的责任感。

认 识 衍 纸

衍纸是一门非常古老的手工艺，起源于古埃及。传统上，我们将衍纸称为卷纸，因为制作的基础材料是被卷曲的纸带。衍纸像其他纸艺一样，有其特殊的工具和专门的技艺。衍纸本身独特的魅力让很多玩家爱不释手，一些技艺高超者甚至将它作为谋生手段。

1. 积极引导学生对五彩斑斓的纸艺作品进行赏评和比较，学习并提高识图能力。
2. 利用各种卷法表现富有立体感的动植物形象，引导学生发现美、创造美，培养，提高学生的审美能力。
3. 陶冶学生情操，带来精神上的愉悦，为以后的纸艺DIY等活动奠定良好基础。

活动重点和难点

重点： 基础卷的制作，培养学生的动手创新能力。

难点： 对学生主动性的引导以及探究、创新能力的挖掘和培养，学生合作学习能力和自主学习能力的养成。

活动准备

衍纸的工具及材料

1.彩色衍纸条：衍纸要用到的纸条有多种颜色，根据自己需要而定。初学者建议使用宽3毫米的纸条，如果是儿童，纸条还要更宽些，需要有5毫米或者是6毫米，这样在衍纸时候方便他们手持。这种宽度也会经常被用来制作一些独立衍纸作品和流苏花。宽度7毫米或者10毫米的纸条通常被用来制作流苏花或者树叶，同样也会被用来制作一些独立作品。有时为了给作品增加层次感，会在一层纸卷上再放置小些的纸卷，会用到宽度1.5毫米或者2毫米的纸条。

2.衍纸笔：衍纸笔有各种外形和型号：金属的、塑料的或者只是一个针眼处被打开的针。要选择一套适合自己的工具，确保工具顶端的嵌口容得下10毫米宽的纸。

3.胶水：建议使用专用手工白胶，这种胶水干后会比较干净。

4.卡纸：用来做底板的卡纸可以根据自己的设计选择大小和颜色。

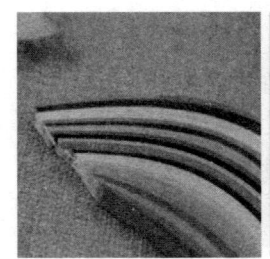
衍纸条

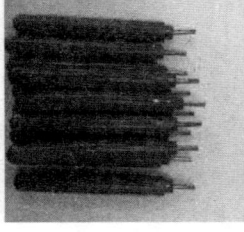
衍纸笔

手工白胶

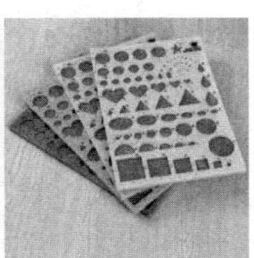
卡纸

活动过程

一、导入（作品欣赏）

多媒体展示北京地铁欢乐谷站的衍纸墙，让学生感受衍纸魅力。

问题：这么漂亮的作品，同学们知道是怎么制作出来的吗？

学生讨论之后教师明确：这就是衍纸艺术。

二、制作基础卷

想要学好衍纸,首先学会用薄纸条制作各种基础造型,然后利用这些基础造型按照事先设计好的图纸制作出我们想要的衍纸作品。这些衍纸成品可以被用作卡片、剪贴簿的制作,或者其他手工艺品的制作。

1.紧卷

将纸条一端放入衍纸笔中。一手转动衍纸笔,一手轻拉纸条,用力均匀,注意调整纸卷形状。用镊子尾部或直尺将紧卷压平。

学生动手制作,播放微课视频。

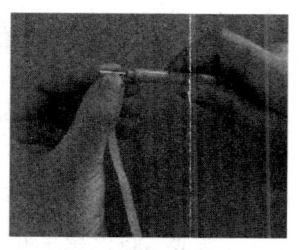

2.松卷

情景启发:把紧卷轻轻散开是什么样子呢?

学生仔细观察,了解松卷的变化过程。

用牙签或其他较细工具涂抹胶水,薄薄一层即可,不要太厚。

学生动手制作,播放微课视频。

3.泪滴卷

问题启发:松卷是如何变成泪滴卷的?

教师总结:泪滴卷由松卷制成。左手拇指和食指捏住松卷中心部分向边上推,右手拇指和食指捏住另一端。

学生动手制作,播放微课视频。

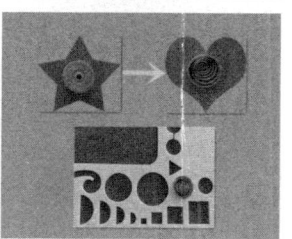

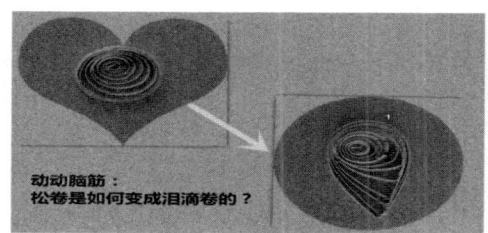
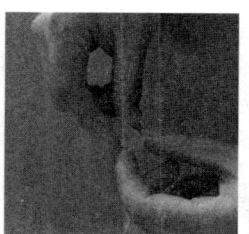
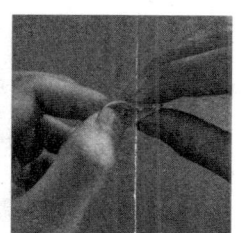

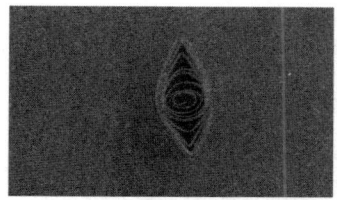

4.眼形卷

(1)仔细观察泪滴卷,一头圆圆一头尖,老师将圆的一头压一下,再看看这个卷像什么?(眼睛)

(2)这个卷就是我们今天要学的眼形卷。

(3)让我们动手把泪滴卷改成眼形卷。

基础卷小结:

让学生观察几种基础卷之间的关系,让学生明白:衍纸的美丽在于无穷变化,无穷变化来自无穷想象力。每个人都可以创造出独特的纸卷。

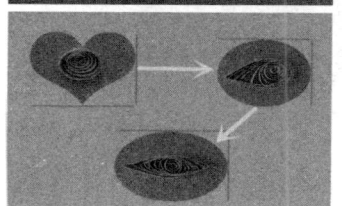

教师示范向日葵制作过程(视频展示),总结衍纸制作步骤。

三、衍纸制作步骤(多媒体展示)

1.构思、设计:制作纸盘画首先应该有一个好的构思,然后按自己构思画出铅笔设计稿。

2.选材、配色:根据自行设计的图案,利用刚学会的衍纸技巧制作出栩栩如生的图形。注意色彩配置要鲜艳、明快。

3.画面:看看什么地方需调整,什么地方需添画。

每个人的心中都有一幅最美的图画,或者是人物,或者是动物,或者是风景。请同学们用多彩的纸卷和灵巧的双手把它们展现出来吧!

小组合作完成作品。背景音乐播放,教师检查辅导。

比一比

展示作品 感悟收获

各小组轮流展示作品,介绍构思以及运用到哪些基础卷。

活动总结

本课从平面造型走向立体造型。通过卷贴、组合等方法,巧妙地利用彩色纸条进行立体造型,让学生感受到艺术的魅力,同时启发学生的探究能力和想象能力。每个学生都参与其中,彼此分享创作快乐,增强合作意识。

纸艺的魅力在于其无限的表达力,而多样的表达手法更凸显出纸艺的包罗万象。过去纸艺是用作宗教圣物的装饰,自从衍纸技艺流入民间,表达方式更加多元化,巧妙的设计更将纸艺艺术气息展现得淋漓尽致。

同学们学会了制作衍纸作品后,可以制作漂亮的衍纸贺卡,送给自己的亲朋好友,他们一定会非常喜悦。

(指导教师:王汝俊)

烙画葫芦

知识目标: 了解烙画葫芦工艺的主要特点,感受它独特的艺术魅力。
能力目标: 结合葫芦形态、色彩、肌理,学会运用烙画工具制作烙画葫芦。
情感、态度与价值观目标: 通过欣赏和制作烙画葫芦,提高学生审美情趣,激发学生对自然生态的关注和学习美术的兴趣。

认识烙画葫芦

烙画葫芦又称烫画葫芦、火笔画葫芦,是一种别具特色的传统工艺美术;是一种以葫芦为载体,集绘画、雕刻、书法、压花等一体的工艺。烙画葫芦艺术家用烙铁在物体上熨出烙痕作画,与葫芦融为一体,能永久保存、收藏,艺术价值较高。比较知名的烙画葫芦产地有山西、安徽等。

葫芦在古人生活中占有重要地位,与文学、艺术、宗教、民俗、神话传说等有着密切关系。

葫芦制作的工艺品从明朝起即有文字记载。葫芦造型优美,无须人工雕琢就给人以喜气、祥和感。清朝时兰州的"刻制葫芦"和"范制葫芦"达到很高的艺术水平,被朝廷定为贡品。烙画葫芦所采取的"火绘工艺"与中国传统烫画技法相结合,以烙铁代笔,运用国画的白描、工笔、写意等手法,在葫芦光滑坚硬的木质表皮上创作出人物、山水、花鸟、走兽等形象,画面呈现出焦、黑、褐、黄、白等多种层次和国画渲染效果,表现力非常丰富。

烙画葫芦

活　动　重　点　和　难　点

重点：烙画葫芦工艺的基本特点和制作方法。
难点：葫芦形状、色彩、空间、肌理的设计运用与表现。

活　动　准　备

烙画葫芦需要的材料及工具。

电烙机　　　　　　　　　　　　　　电烙笔

活　动　过　程

一、音乐导入

放一段葫芦丝演奏音乐《月光下的凤尾竹》。悠扬的乐曲把学生的注意力吸引过来。

教师：这是用什么乐器吹奏出来的？
学生：葫芦丝。
教师：葫芦丝是用葫芦制成的，说说葫芦除了可以制成葫芦丝之外，还有哪些用处？
学生讨论并回答：可制作成酒壶、水瓢……
引出课题：烙画葫芦。

二、展开欣赏
学生欣赏并说说感受。

三、工艺探究
烙画与中国画的结合。
投影烙画与中国画作品。

葫芦上彩绘的作品

- 95 -

色彩对比、墨韵分析

烙画葫芦

烙画葫芦

给每位学生发一个葫芦。要求根据手中葫芦的形状和色彩等,设计一件作品,表现手法可以有彩绘、烙画、雕刻、拼贴等。可以自己独立完成,也可以两个同学合作完成。

比一比

展示作品 感悟收获

作品展示,学生互评。

提出意见,拓展思路。

活动总结

通过回顾内容和课堂体验,使学生的创新能力和小组合作能力得到提高。烙画葫芦独特的魅力留给学生无穷的回味。

成熟葫芦里种子众多,令人联想到"子孙万代,繁茂吉祥";又与"福禄"谐音,所以民间认为葫芦避邪气,象征吉祥。把绘有吉祥图案的葫芦挂在堂上,可以降服、驱除鬼祟。

葫芦的保存首先应避免日光照射。烙画葫芦之所以用上色一年的葫芦,就是为了制作完成后不用再日晒上色。其次,在室内摆放时,经常用手或棉布擦拭把玩,让葫芦上浆,包浆以后烙痕便不会褪色。最后,把葫芦放在纸盒里,防潮、防化学品侵蚀、防磕碰、防蛀虫。保养的时候可以包一点花椒放在葫芦里。

(指导教师:王汝俊)

综合实践活动设计与探索

脸谱艺术

知识目标： 了解中国传统戏曲脸谱艺术的特点、谱式、色彩，培养学生对脸谱艺术的欣赏能力。

能力目标： 掌握脸谱的制作步骤，能够根据自己的个性和喜爱的角色设计脸谱。

情感、态度与价值观目标： 传承民族文化，展现自我个性，丰富自我想象，锻炼学生的动手能力。

认识脸谱

脸谱是中国传统戏曲演员脸上的绘画，是一种以京剧为代表的中国传统戏曲特有的化妆造型艺术。以写实与象征相结合的艺术夸张手法，鲜明地表现人物的面貌，揭示人物的类型、性格、品质、年龄等。

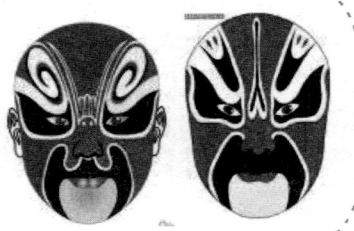

可以帮助学生了解中国传统戏曲脸谱艺术的特点、谱式、色彩等基础知识，培养学生对脸谱艺术的欣赏能力。同时，对于学生了解和传承民族文化、展现自我个性、丰富自我想象能力和锻炼动手能力都有非常重要的意义。

活动重点和难点

重点： 脸谱图案的设计和制作。
难点： 着色线条要流畅、和谐，色彩要均匀、清爽。

脸谱艺术

制作脸谱需要的材料和工具:空白脸谱、铅笔、水粉色、调色盘、毛笔。

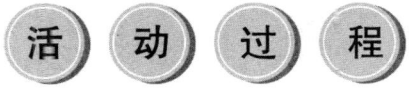

一、观赏京剧片段　了解脸谱知识

1.观赏京剧《铡美案》《古城会》片段。让学生回答下面问题?

(1)你知道视频中展示的是什么艺术?

(2)为什么包拯、关羽、曹操脸上都有许多图案?

引导学生小结：京剧中角色脸上的图案是舞台化妆效果。

2.教师总结:京剧是我国传统戏曲,剧中人物脸上有一些图案和颜色，这是中国传统戏曲特有的舞台化妆艺术。这种用来化妆的图案叫脸谱。

二、了解色彩含义　确定脸谱谱式

脸谱的色彩非常丰富，也十分讲究，其主色一般代表人物的品质、性格、气度。

脸谱的通用色彩含义：

红色——代表忠贞、英勇。如关羽。

蓝色——代表刚强、骁勇、有心计。如窦尔敦。

黑色——代表正直、无私、刚直不阿。如包公。

白色——代表阴险、奸诈。如曹操。

(教师讲解的同时课件演示——脸谱资料)

了解常见的脸谱谱式：

三、掌握制作步骤 完成脸谱作品

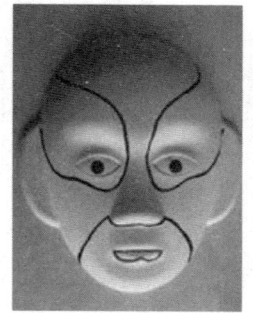 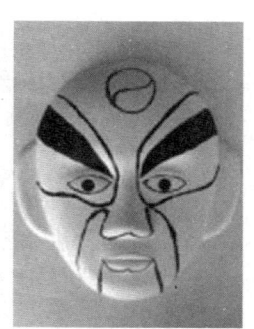 

　　勾轮廓　　　　　　　定细节　　　　　　　着色

1.勾画轮廓。

2.确定细节图案。

3.着色。

着色要求：

(1)涂色由浅入深，均匀、不露底、不堆积。

(2)边界线条整齐、流畅。

(3)色彩搭配和谐美观，画面艳丽清爽。

教师巡堂辅导，及时纠正问题，帮助学生更快、更好地完成作品。

脸谱艺术

比一比

佩戴脸谱作品　展示个性

学生将制作完成的作品戴在脸上,有时间可以进行角色扮演,学生观看、评价。

教师从纪律、卫生、创意以及作品完成情况对学生进行评价,鼓励学生认真完成制作,并表扬创意独特的作品。

活动总结

这次活动使学生了解了中国传统戏曲,走进了民族文化,让学生带上脸谱,和着音乐,一起感受戏曲艺术的魅力吧!

(指导教师:马英红)

金属丝工艺

活动目标

知识目标：了解金属丝的范性和弹性，初步学会按照自己需求表达设计。

能力目标：通过对自行车结构、功能的认识，初步学会设计草图的表达；通过草图的设计以及备料、下料、模型制作工艺流程图的设计，了解金属丝工艺的一般流程；通过对金属丝（用尖嘴钳、平口钳、斜口钳、靠模等）进行拉直、下料等基本技能操作，初步学会基本工具的使用方法。

情感、态度与价值观目标：在活动过程中掌握运用各种实践方法，获得积极体验，培养合作、创新能力。

认识金属丝工艺

金属丝是以金属盘条、盘圆或金属棒为原材料，借助专业设备经过多次拉拔—退火—再拉拔—再退火等工序，加工成各类不同规格和型号的丝(线)产品。金属丝工艺品是使用金属丝通过创意技巧加工而成。金属丝工艺品主要有手工自行车、手工机器人、手工摩托车、手工黄包车、手工挂件、手工生肖和手工乐器等。金属丝工艺品永不生锈、褪色和掉色，具有相当高的工艺水平，是收藏和馈赠佳品。

活动意义

单调的生活需要各种有趣的元素调味。手工小制作能丰富我们的业余生活，还能点缀环境，提高审美情趣。本次教学主要内容是"金属丝仿真自行车模型的设计与制作"。

金属丝工艺

活动重点和难点

重点：金属丝仿真自行车模型的设计。
难点：实际下料与设计图尺寸的一致性。

教师准备：PPT课件。

教学材料及工具：尖嘴钳、平口钳、斜口钳、靠模、塑胶管、钢直尺、水笔、剪刀、铝丝、原子笔芯空管，自行车系列的创意作品。

一、导入（作品欣赏）

展示由各种金属丝制作的生活日用品、各种智能玩具以及部分自行车模型作品，拓宽学生视野。让学生仔细观察这些作品所用的材料（金属丝、各种颜色的彩色套管）、结构、形状有何特点？

图1

图2

二、提出问题

1.金属丝有什么特点（金属丝与木质、塑料等相比有何不同）？

金属丝主要特点：具有范性形变和弹性形变的特性。所谓范性是指物体（在这里指金属丝）在外力作用下不再恢复原来形状。

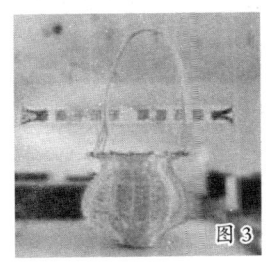
图3

图4

-103-

2.在图1~图4的自行车模型里,为什么要套上彩色套管呢?

美观、牢固、控制弯折点。

教师总结:教师请学生仔细观察并能讲出自行车的结构、形状、功能、特点,了解不同金属丝(铁丝和铜丝)材质的特点。

三、了解本节课的技术要素

学生在制作仿真自行车模型前必须对自行车模型的基本结构、形状及功能要有一个总体认识。学生在设计时,既要考虑自行车的基本结构(车把、前叉、车架、鞍座以及后叉、车轮、脚踏)、基本功能(脚踏、车轮、车把方向能转动)要具备,又要根据现有条件来构思、设计。

四、构思设计 操作过程和要领

设计仿真自行车模型可以依据几何学原理。

实践操作:创意自行车的制作

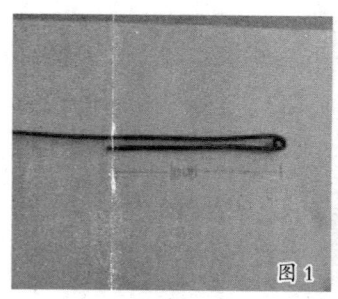
图1

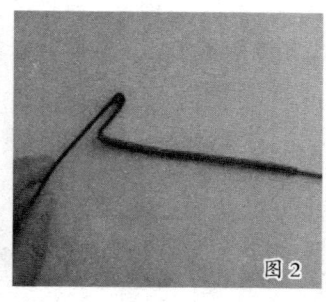
图2

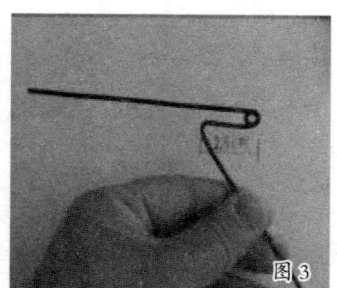
图3

第一步,左手拿长线,右手选择起始10厘米处绕一个圈,使两线平行。如图1。

第二步,从圆圈开始2.5厘米处打钩。如图2。

第三步,在长线的另一端绕上细丝,将细丝完全绕好后,移到前端打钩处。如图3。

第四步,将做好的铝丝放到靠模上,并将长线绕靠模一周,做第一个车轮。

第五步,绕好车轮后,将长线绕短线三圈,并将长线距短线1厘米处向下打弯。

第六步,将长线距打弯处3.5厘米处绕两个圈做脚蹬。

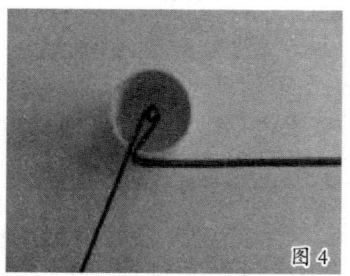
图4

金属丝工艺

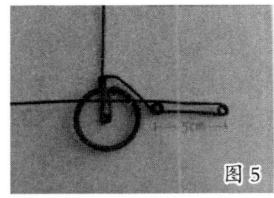
图5

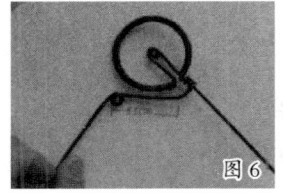
图6

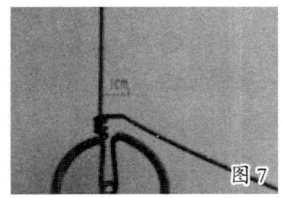
图7

第七步,再将长线测量5厘米,绕一个圈,做后车轮圆心,并使两条线平行。

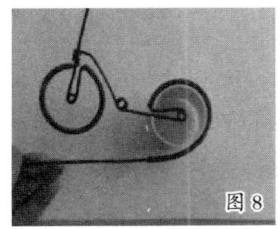
图8

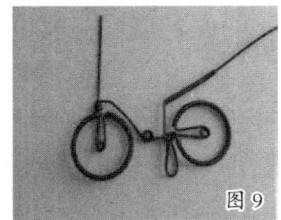
图9

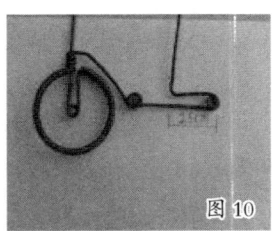
图10

第八步,同第二步,从圆圈开始2.5厘米处打钩。

第九步,将铝丝放到靠模上,并将长线绕靠模一周,做第二个车轮。

第十步,将长线绕横梁两周,然后做一个偏撑,再将长线绕一圈,将铜丝整理成垂直状,然后留适当高度折90°,做成车座子。

第十一步,将大梁做出来。

第十二步,缠绕铜丝加以固定,圈数一般是三圈。将一直垂直的铜丝向缠绕铜丝相反方向折90°,车把就出来了。

第十三步,取适当位置制作把手和刹车,两边距离相同。

第十四步,车身基本完成,剩下就是脚蹬。为了让脚蹬能灵活转动,大家可以用圆珠笔笔芯或者塑胶管来做。车篮和后座可以根据兴趣自行添加。

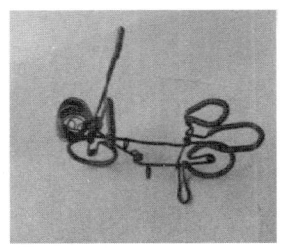

注意事项

1.学生进入活动室要服从辅导老师安排。
2.学生要遵守纪律,讲文明,不得扰乱学习秩序。
3.注意安全,杜绝危险事故发生。
4.出现问题及时向老师汇报。

展示作品 感悟收获

各小组轮流展示作品,介绍作品的构思及制作技巧。

活 动 总 结

活动结束,教师根据学生创意——设计——制作情况给学生打分,各小组选出最优秀同学作为本小组优秀学生。本次活动提高了学生的实践能力,增强了学生的创新意识。

（指导教师：惠丽珍）

丝网花制作

活 动 目 标

知识目标：了解丝网花的基本特征。
能力目标：掌握丝网花的基本制作方法与制作技巧。
情感、态度与价值观目标：学会发现美、感知美，热爱自然与生活。

认识丝网花

丝网花用材低廉，它的材料有两种，一种是绕线圈用的铁丝，另一种是尼龙丝网，但这些材料制作出来的花却色彩艳丽、造型丰富、具有半透明特性，是仿真花卉中的一朵奇葩。

丝网花质感细腻、花形逼真，犹如鲜花一般，欣赏及装饰效果颇佳。丝网花不易褪色，历久弥新，清洁起来也相当方便，是家居装饰之佳品。学生通过小组探究、自主合作创作贴近生活和自然的花型，充分发挥自己的想象力和创造力。

活 动 意 义

古希腊学者普罗塔戈说过："头脑不是一个要被填满的容器，而是一束需要被点燃的火把。"教学有法，教无定法，只有方法恰当，才能点燃学生智慧的火花。运用情境教学法，借助多媒体的优势以及事先准备好的丝网花作品，进行直观对比，创设情境，有助于调动学生的创作欲望。引导拆分丝网花成品，了解形状、颜色、花瓣和叶片等，可以启发学生探究如何用丝网花来表现各种花型。

活 动 重 点 和 难 点

重点：探索花瓣的制作和组合成花的方法。
难点：创作出贴近生活与自然的花卉艺术造型，表现自我个性。

活动准备

教师准备:PPT课件。

材料及工具准备:细铁丝四根、彩色丝网两条、花秆两根、花心两个、剪刀一把、钳子一把、胶带一个、qq线一根。(以上为单个小组准备材料)

活动过程

一、观赏花(创设情境 激发情趣)

采用情境创设法导入,在等待上课的过程中教师播放课件。伴随优雅的古乐,展示色彩鲜艳、造型丰富的丝网花成品,使学生一进教室就受到听觉、视觉冲击,浮想联翩。上课时教师直接利用这种氛围,抓住学生的好奇心,把真花与丝网花进行比较,强化创作欲望,引出课题(丝网花——酒杯玫瑰的制作)。

二、探究花(探究制作工具和步骤)

花使我们的生活绚丽多彩,给予我们希望和向往,给我们带来美的享受。鲜花如此美丽,可是花期短暂,为了留住这永恒的美,我们这节课就用丝网花来创造花的世界。请同学们拆分丝网花,探索以下几个问题:

1.做丝网花需要哪些材料和工具?

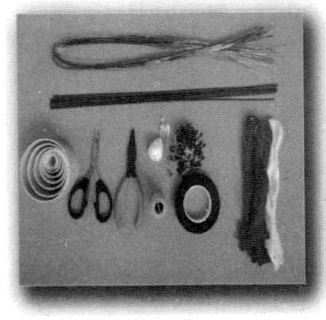
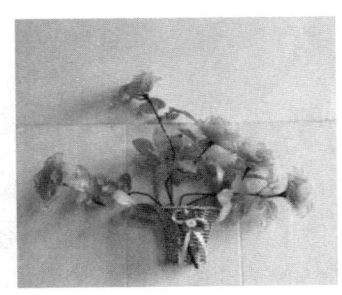

2.分析酒杯玫瑰的花瓣有多少,观察花瓣大小、形状、颜色和花叶形状。通过动手操作,使学生掌握酒杯玫瑰是由4片花瓣分两层交错固定在花梗上,为接下来创作花奠定基础。引导拆分丝网花成品,了解其形状、颜色、花瓣、叶片等,启发学生探究如何用丝网花来表现各种花型。

3.制作丝网花步骤:教师以酒杯玫瑰为例演示丝网花的制作步骤:绕圈—网丝—组装—造型,为突破难点奠定基础。

首先，绕圈、网丝，制作出花瓣。

然后，组装、造型，制作出酒杯玫瑰。

 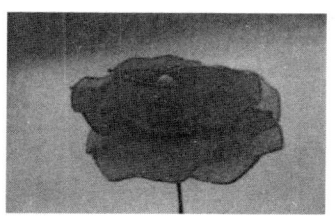

问题：这么漂亮的作品，同学们自己可以制作出来吗？

学生讨论之后老师明确：这就是丝网花艺术。

动手练一练

三、制作花（学生动手实践）

将学生每4人分成1组，便于学生在操作中互相检查、互相纠正、以快带慢，达到共同提高的目的。

为营造温馨艺术创作氛围，在制作过程中教师可以播放轻音乐，屏幕出现温馨提示：

1. 规范制作，注意安全。
2. 节约材料，合理裁剪。
3. 大胆创作，勇于创新。
4. 清理垃圾，恢复现场。

对于动手能力强的学生，在其完成酒杯玫瑰创作后，鼓励他们采用重组、迁移、创新等方法，创作贴近生活的花卉艺术造型，使知识得到巩固，能力得到拓展。

比一比

展示作品 感悟收获

各小组轮流展示作品，介绍构思及制作方法。

学习评价是课程实施的重要环节，能有效促进学生的发展。评价时以激励性评价为主，从以下六个方面对作品进行自评与互评：

主题鲜明，操作规范，独有创意，造型美观，花型逼真，富有特色。

活 动 总 结

动手实践有助于学生能力的拓展与提高。通过具体实践,让学生总结经验,取长补短。大家回去后可以学习更多的花型设计,创作出多姿多彩的丝网花。

活 动 延 伸

实践课是学校劳动教育主阵地。我们应该应用新课程理念,以学生发展为立足点,以创造为宗旨,多方面提高学生素质,从视觉、听觉、感觉多方面唤起情感的共鸣,引导学生以满腔热情去体会创作快乐。在观赏花、探究花、创作花的递进训练中,一一落实教学目标,使丝网花在课堂、校园、学生心中悄然绽放。

(指导教师:惠丽珍)

科普体验

知识目标：通过活动，使学生初步掌握科普馆内仪器的操作方法。
能力目标：锻炼学生的动手能力，培养学生发现问题、解决问题的能力。
情感、态度与价值观目标：通过对课程意义的提升，培养学生的合作意识，提高他们观察、分析问题的能力，培养他们的创新精神和实践能力，同时增强学生的爱国主义情怀。

认识科普馆

科普馆以青少年的身心发育特点及科技兴趣为依据，利用展品展示、讲解等多种方式对青少年进行科普教育。

科普展品是科学知识的展示，它是科学普及最直观、最生动的体现。同时，科学普及也是一种社会教育，科普展品将成为科普教育乃至素质教育不可或缺的组成部分。科学教育的发展又会直接促进科普展品的发展，并能提高学生对科学普及重要性的认识，为以后参与科学普及工作打下良好基础。

活动重点和难点

重点：了解每一件科普仪器的操作原理，培养学生分析问题的能力。
难点：如何操作科普仪器，如何培养学生严谨的科学态度和创新意识。

活动准备

一、教具准备

柱波、无源之水、鱼洗、翻转的镜像、猜生肖、听话的小球、涡旋、笼中鸟、龟兔赛跑、脚踏发电、光学镜、缓慢的气泡、拱桥、立体视野图、无皮鼓、光束、魔灯、幻觉图等。

二、活动前

1. 全员整齐进入科普馆，不喧哗、不打闹。
2. 进入科普馆后，教师点名，查清学生人数，向学生说明科普馆的规矩。
3. 学生分组，选出组长，学生之间要合作学习。
4. 教师向学生说明活动室评分标准：重视过程评价，强调评价过程中人与人的交流和帮助，提倡积极活动，使学生在愉快中学到知识。

活动过程

教师带队进入，认真讲解活动要求和一些注意事项，并对展品逐一进行介绍和讲解。

一、涡旋

按下启动键，水泵工作，在筒底沿筒边切线向管内喷水。水流旋转，液面上升，管底中心孔同时泄水，筒内涡旋形成，涡心开关为中空漏斗状。如图1。

图1

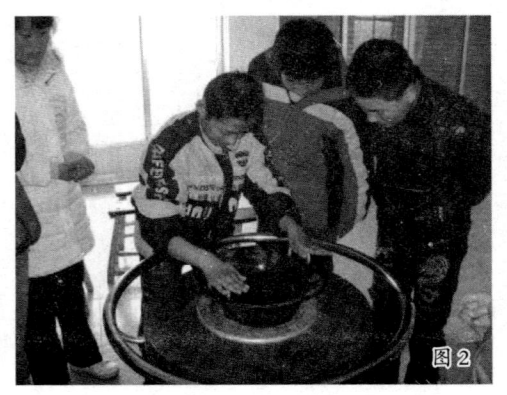

图2

二、鱼洗

图2这个"青铜器"叫鱼洗，是古人发明的既好玩又有科学原理的器皿。鱼洗的原理是水通过摩擦生成的柱波，同学们可以试试用手摸出奇妙水花。

三、翻转的镜像

两名学生各在展品一端，转动并观察镜内影像，会发现对方的影像左右出现或上下颠倒。因为本展品内装有相互平行的3面镜子，使得光线从一端必须经过3次反射后才能到达另一端，反射结果将正像变为倒像。如图3。

四、猜生肖

利用二进制原理，可以"猜"出自己的属相。在操作台上有A、B、C、D四幅画面，每幅画面上有一个金属按键。如果画面有自己的生肖，就将对应显示屏选为1，若没有就选为0。四幅图都选过后，按一下黄色确认键，自己的生肖就在最上端显示屏幕上显示出来。如图4。

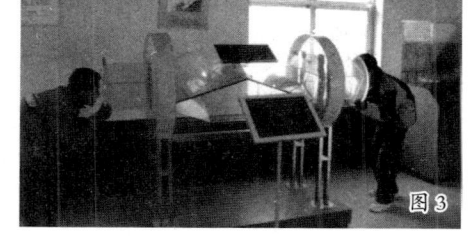

图3

图4

五、听话的小球

从垂直口处喷出的高速气流顶起小球向上运动，气流周围的空气流速慢，压强大，使小球保留在气流中间。喷口处的气流速度快，压强小，因而引起下水平管内的气体向喷口处流动。为了维持气流平衡，上管口处吸入空气，同时也吸入喷口处喷出的气流，因此形成环流。小球便随着管中的气流一起运动，循环往复。

这些展品不仅体现了科学性、知识性和趣味性，而且可以让学生动手参与并体验科学技术的奥秘。

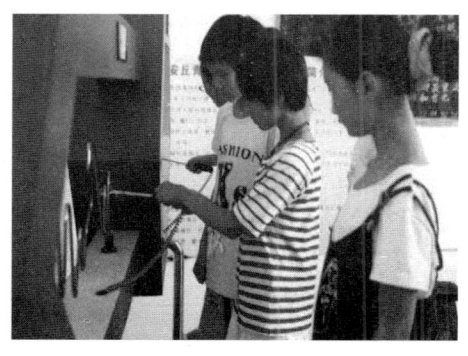

1. 根据活动人数进行分组，分为A、B、C、D、E、F、G、H、I、J组，即每1个展品为1个小组。

2. 根据展品数量进行教学。每个学生参观每个展品的时间为5分钟。

3. 第一节课，带领学生参观第一大厅。根据分组安排学生到规定展品处观摩，要求学生在观摩前先认真阅读展品介绍，再进行规范操作。

4. 学生观摩的方式：根据人数进行分组，每5分钟1组（例如：A组的学员观摩无源之水，B组的学员观摩笼中鸟，C组的学员观摩鱼洗。5分钟后由A组的学员观摩笼中鸟，B组的学员观摩鱼洗，C组的学员观摩无源之水），循环观摩。

展示作品 感悟收获

由学生分别发表自己意见,不断发现问题和提出问题,再由组长阐述说明本组的创新设想,之后再评出班级创新小明星。

通过对科普器材的操作和课堂体验,学生的创新能力和小组合作能力得到提高。科普知识涵盖科学领域各个方面。科普教育必须与时俱进,与我们所提倡的素质教育同行。只要用心去做,就可以使学生从中获得教益。

活 动 延 伸

充分利用这次学习活动,发挥学生主体作用,让每个学生沉浸在浓厚的学习气氛中。认真学习、思考、讨论,有效提高学生的创造性思维能力让他们喜欢上科普。

(指导教师:惠丽珍)

面塑艺术

知识目标：感受我国丰富多彩的面塑艺术，掌握面塑相关知识，了解面塑一般制作过程。

能力目标：掌握多种面塑手法，运用揉、捏、剪、挑、压、粘、贴等方法塑造一个自己熟悉的吉祥物或者人物。

情感、态度与价值观目标：增强学生对面塑、对民间艺术的热爱之情，体验学习乐趣，培养对面塑创作的持久兴趣，获得参与实践的积极体验和丰富经验。

认识面塑

面塑艺术是以小麦粉、糯米粉等为主要原料，再加上色彩、石蜡、蜂蜜等成分制作各种人物或动物形象的传统民间艺术。中国的面塑艺术早在汉代就已有文字记载。面塑作品是民俗节日中馈赠、装饰的信物或标志。

开展面塑这一活动项目不仅锻炼学生的动手能力，还能启发学生思维想象能力和创造能力，提高学生的审美素养。同时有利于中国传统民族文化的传承。

活动重点和难点

重点：了解面塑艺术，掌握面塑制作的基本技法。

难点：揉、捏、剪、挑、压、粘、贴等技法的实际应用。

活动准备

制作面塑常用工具:拨子、塑刀、剪子、小梳子、擦手油等。其中拨子是最主要的工具,它一头尖,形状像柳树叶,可以用有机玻璃或旧牙刷把制作,规格根据个人需要而定。此外,还要准备一些小竹签等。

制作面塑的材料:小麦粉、糯米粉、食盐、蜂蜜、甘油、防腐剂、广告色等。

活动过程

一、组织教学

教师检查工具,分发制作材料,调动学生情绪,准备上课。

二、导入新课

教师出示面塑玩具和图片让学生欣赏。

教师:同学们想不想制作精美的面塑作品?

三、课件展示

1.不同形象的面花。

2.请同学们谈谈自己的感受,问同学们想不想用彩面制作一个小艺术品?

四、讲授新课

1.教师展示范作,分析并讲解面塑的制作方法:压、揉、搓、拧、剪。

2.还可以借助一些工具,如梳子、牙签、牙刷、拨子等,分别演示其用法。

3.看课件。请学生欣赏一位民间艺人的作品,要求大家边看边想他是如何用这些技法表现作品的? 欣赏一些学生的优秀作品,研究每个部分是用什么方法制作的。

4.小组讨论:关于面塑你还想知道些什么? 教师指导并给予讲解。

学生练习制作面塑作品,教师检查指导。
制作要求:
1.造型设计要有新意。
2.注意色彩搭配。
3.各种方法灵活运用。

比一比

展示作品　感悟收获

学生作品展示,通过学生自评、互评和教师点评,评出4名"面塑之星"。

让学生从造型设计、创意、色彩搭配和造型手法等方面进行观评,教师点评归纳。

活 动 总 结

本节课让学生初步掌握面塑制作方法,感受到制作过程的快乐,培养了学生对面塑创作的兴趣。

同学们在这次活动中制作出的面塑作品、珍藏的好朋友的面塑作品,可能是大家最初的藏品。希望同学们今后多留心身边的手工艺术品,为我国民间手工艺术传承增光添彩。

（指导教师:李芳芹）

模拟射击

知识目标：学习国防知识，增强国防意识。
能力目标：强化军事技能，增强团队意识。
情感、态度与价值观目标：发扬爱国主义精神，自觉履行国防义务。

了解国防教育

国防教育是国家要求的大中小学必须认真面对的教育课题。

教学过程兼顾理论和实践，学生通过活动了解我国国防方面的法律、法规，增强爱国意识和遵纪守法观念，了解我国军队的种类和主要的武器装备，以及国家新式武器的研究现状等，增强学生投身国防事业的信心。

增强公民的国防观念，既是国防教育的目的，又是国防教育的意义。国家安危关系到每一个公民的生存与安宁，国家安全需要有巩固的国防。有巩固的国防，才会有国家安全，国家主权和领土完整才有保证，公民个人利益才能得到保障。通过国防教育，公民可以学习国防知识，增强国防意识，强化军事技能，增强团队意识，发扬爱国主义精神，自觉履行国防义务。

活动重点和难点

重点：学习国防知识，增强国防意识。
难点：枪械使用方法。

模拟射击

活动准备

1.教师打开激光射击器电源开关,检查枪械是否能正常使用,做好多媒体播放准备。
2.带领学生有序进入活动室。
3.教师提出活动要求,确保活动安全。

一、活动开启
师生相互问好,教师引导学生学习活动誓词。

二、国防知识学习
1.全体起立,齐唱国歌(教师用多媒体播放国歌,展示天安门升国旗的庄严场面),激发爱国主义情感。

2.教师播放阅兵式,学生了解我国军队的种类和武器装备(图片见课件,用多媒体播放),感受严整的阅兵场面,增强爱国主义情感和民族自豪感(升国旗视频见多媒体)。

3.针对以上两步,师生互动,交流体会,谈感受、谈认识(先由学生讨论交流,然后让学生发表个人感受,最后教师评价引导)。

4.观摩武器装备模型,了解各种武器装备的性能和特点。

三、学习枪械使用方法
教师讲解枪械使用要领:

1.握枪的正确姿势,注意眼和手的配合。

2.瞄准的要领:眼睛、缺口、准星、靶心在一条直线上。

3.击中目标的技巧:缺口、准星、靶心三点一线。枪要平稳。

教师在讲解的同时做示范动作,观察学生接受能力。点名学生演示,教师纠正其错误操作。

学生分组练习,提高打靶水平。

每组练习一遍,组员相互观摩,交流射击经验,纠正不规范姿势。

比一比

展示作品 感悟收获

开始打靶比赛,教师记录成绩。教师要活跃课堂气氛,鼓动学生为打好或打中的同学鼓掌加油,为脱靶的同学打气。教师还要培养学生的团队意识,帮助学生克服自卑心理,缓解紧张情绪。

总结评比,颁发奖品。

1.评出优胜组和优秀个人,评选出神枪手,颁发象征性奖品以示鼓励。

2.评价同学们的表现,给予表扬鼓励。

3.提出期望,增强学生国防意识。

海龙希望中学
徐浩鑫:"满环!我帅不?"

海龙希望中学七年级二班
李文文:"我是女组冠军!"

海龙希望中学七年级二班
冯浩男:"你不行,我行!"

活动总结

帮助学生树立自信,超越自我!

模拟射击

  历史告诉我们,落后就要挨打。现在中国越来越强大,实现中华民族伟大复兴的中国梦需要有强大的军事力量做后盾。本节课我们提到国防建设新成就,如果学生感兴趣,课后可以通过互联网查找有关资料,进一步了解这方面知识。

(指导教师:李芳芹)

塑编工艺

知识目标：了解塑编工艺发展历史，初步认识塑编工艺特色，感受其魅力。

能力目标：掌握塑编基本编制技法，培养动手能力和合作探究创新能力，提高审美情趣。

情感、态度与价值观目标：关注民间手工艺发展，培养对社会和自然的责任感和使命感。

认识塑编

塑编工艺起源于中国历史上的三国时代，距今已有1700多年历史，被誉为"中国民间一绝"。塑编工艺品种类繁多，所编制的动物、昆虫神形俱备，惟妙惟肖，集艺术性、观赏性、收藏性于一身。

塑编魅力在于对原材料的色泽及质感的巧妙利用。塑编以打扣为主，综合运用草编、竹编中的编织技巧，通过撕、拉、绕、穿、刺等方法进行艺术创作。

1.培养学生动手能力，提高学生审美意识。

2.引导学生关注民间手工艺，增强学生对大自然的热爱，让他们在合作中创新，体会动手乐趣。

塑编工艺

活动重点和难点

重点:掌握塑编的基本编制技法,培养动手实践和创新能力。
难点:学会制作孔雀等工艺品。

教师准备:PPT课件、视频等。
材料及工具准备:仿真棕榈叶、剪刀、直尺、亮片、眼睛、彩笔等。

一、创设问题情境 导入活动主题

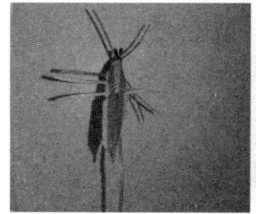   

1.通过塑编工艺品的欣赏,激发学生学习兴趣。
2.揭示课题,引入新课。
同学们对编织工艺感兴趣吗?我们今天就来学习编织工艺中的一种——仿真棕榈叶编织孔雀。如何用仿真棕榈叶编织孔雀呢?首先要了解孔雀。

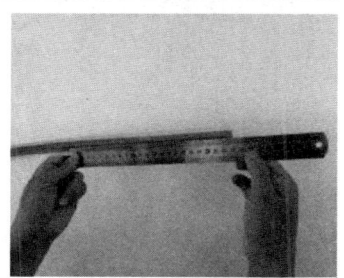

二、教师讲解并演示孔雀制作方法 学生认真观摩(多媒体微课及图片展示制作步骤)

1.从叶子前端计量约23厘米,并在此处做个记号。
2.在叶子后端用剪刀将叶梗与叶片分离,拨至做记号处为止。
3.将分离出的叶梗在腹部前14厘米处向后折。
4.先将右半部叶片绕过叶梗,形成右边第一个半结;左

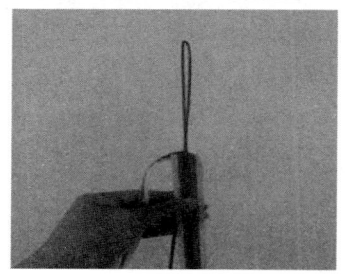

-123-

半边按同一步骤绕过叶梗,形成左边第一个半结。

5.就这样按照顺序一右一左依序打6至8个结,完成孔雀的身体部分。

6.将两边留下的叶片各平均两等分。

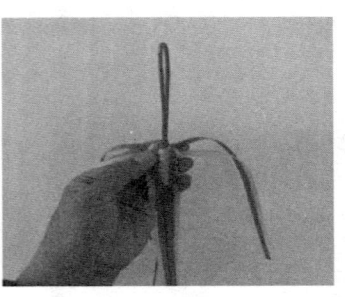

7.将前端的一等分交叉绕叶梗缠绕至叶梗前端并穿过叶梗孔,再将缠绕部分向上折起做孔雀颈部。

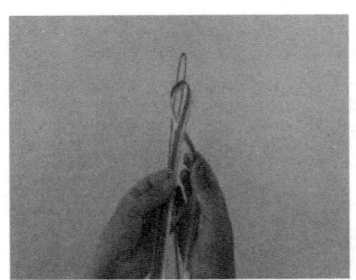

8.将前端叶片斜着剪去一个三角形,做出孔雀的嘴巴,贴上眼睛,插上红冠。

9.将后端预留下的叶片依次间隔斜着剪去部分,末端剪成椭圆形,做出孔雀的屏部。

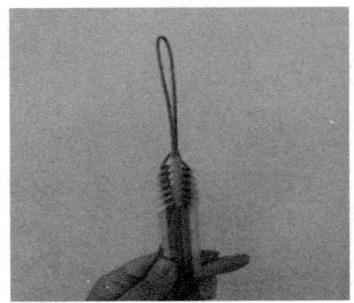

10.将留下的一等分叶片分别从胸部底部穿插而出,做孔雀的两条腿。

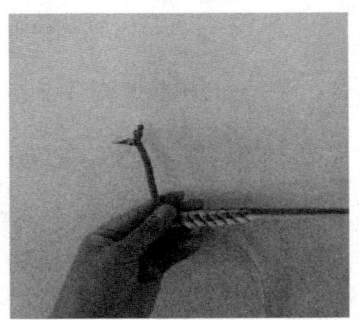

11.再剪出6根长约25厘米的屏,并在末端椭圆形处贴上亮片。

12.在孔雀尾部插上6根屏,折出开屏的造

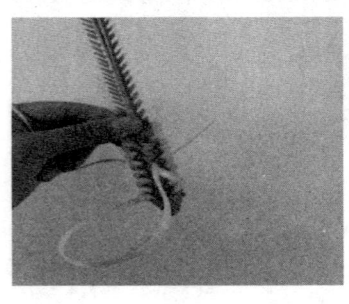

型,并用余下的叶梗折出底座。

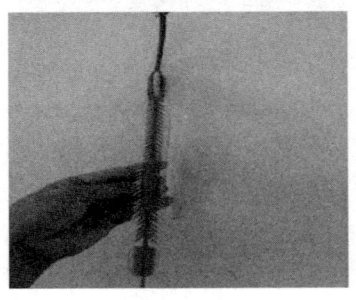

教师:一只精美的孔雀完成了,同学们看明白了吗?我

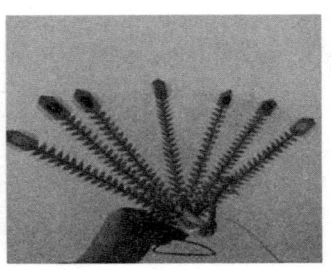

想你们一定想马上动手试试吧?相信大家一定会做得非常好!

塑编工艺

学生分组制作孔雀,教师检查指导及时解决编制过程中遇到的疑难问题。

比一比

展示作品 交流评价

1.学生自评、互评。学生将作品摆好,观赏评比,选出 4 件优秀作品。

2.教师点评。教师根据学生制作作品所用时间和作品优劣,以及学生纪律表现等,对学生做出综合评价,评出 3 组优秀作品。

教师带领学生回顾制作过程中的材料准备、制作步骤、注意事项等,然后组织学生讨论制作过程中有哪些收获和注意事项。

活 动 延 伸

同学们在活动中表现都很棒,掌握了塑编基本技法,编制出一只只精巧可爱的孔雀,学会分享和团队合作。希望大家以后有时间利用所学技法编制蚂蚱以及其他作品,并在艺术上有所创新。

（指导教师：李芳芹）

综合实践活动设计与探索

乒乓世界

知识目标：了解乒乓球运动发展历史及中国乒乓球队成长历程。学习握拍方法和基本站姿。

能力目标：以小组为单位，通过自主探究，掌握各环节操作规范。

情感、态度与价值观目标：积极参与练习，激发学生对乒乓球运动的兴趣。

认识中国乒乓球队

中国乒乓球队成立于1952年，包括中国女子乒乓球队和中国男子乒乓球队，是中国体育军团的王者之师，被体育迷们称为梦之队。

继在2008年北京奥运会上包揽男单、女单、男团、女团4枚金牌之后，中国乒乓球队又在2012年伦敦奥运会、2016年里约奥运会上包揽男单、女单、男团、女团8枚金牌。

本活动依据新课程标准，以本课程为依托，贯彻以学生为主体的教学理念，促进学生学习能力的提高，培养学生对乒乓球运动的兴趣，使学生身心得到锻炼和发展。

活动重点和难点

重点：学习握拍方法和基本站姿。
难点：学习发平击球和反手推挡。

教师准备:PPT课件、视频等。
材料及工具:乒乓球拍50副、乒乓球50个等。

一、课前活动室介绍
教师:本活动室共有4张球台,可供8位同学同时练习。学生进入活动室后要服从老师安排,禁止大声喧哗。

二、学生活动
学生沿球桌四周站好。

三、教学环节及时间安排
1.组织学生集合、报告人数、分组(5分钟)。
学生自愿报名,打过球的为一组,没打过球的为二组。
2.准备活动定位操8节(10分钟)。
(1)扩胸运动 (2)振臂运动 (3)体侧运动 (4)体转运动
(5)腹背绕环 (6)正压腿 (7)侧压腿 (8)踝关节、腕关节运动
3.授课部分(40分钟)。
(1)组织学生按分组入座。
(2)安排两组同学做颠球游戏,加强球性认识,讲解游戏规则,要求学生注意安全。
(3)一组学生绕球台四周,教师讲解示范击球基本姿势及握拍法(直板、横板)。
(4)学生练习:
①模仿发球动作进行持拍摆臂练习。
②抛球和挥拍分解练习。
③双方对练接发球。

直拍握拍法

横拍握拍法

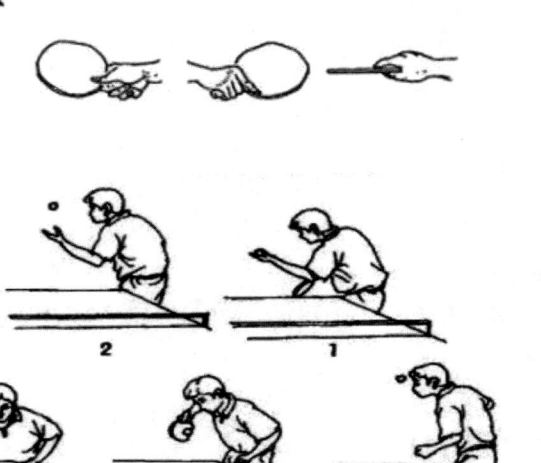

（5）教师巡堂指导，纠正学生动作。

难点：抛球高度、抛球路线、击球时机、击球落点。

四、结束

放松练习。两人一组互相捶打后背、按摩肩臂，自行抖动手臂、腿部。

要求：肢体放松、心情愉悦。

比一比

展示作品　感悟收获

各小组轮流展示抛球、挥拍以及击球，相互交流击打技巧。

活动总结

　　培养学生对乒乓球运动兴趣的方式、手段多种多样，只要能有效调动起学生兴趣，学生就可以积极主动地学习。

在教学中,应力求体现"以人为本"原则,教学内容、手段、方法、组织形式要因人而异,最大限度地满足学生个体体质和健康发展需要,发掘学生潜能。在教学中根据学生能力,将学生分组,使学生都能完成教学内容,从而培养学生自信心。活动结束后,如有条件和机会,可以主动按照课堂上掌握的知识和技巧进行练习。

(指导教师:郑涛)

魅力巴克球

知识目标：了解巴克球组成元素和磁性,熟悉巴克球基本玩法。
能力目标：体验巴克球的各种造型,掌握巴克球的玩法技巧。
情感、态度与价值观目标：锻炼左右脑,提高空间想象力、创造力和逻辑思维能力。

1.让学生对生活中的材料应用有相应的了解,通过组合、再创造,可以制作出更多的造型。

2.重点放在学生学习活动方式的灵活多变和体验上,让学生体验动手制作的乐趣,发现颜色、大小的搭配和组合的乐趣。

3.采用提问、示范、讨论及作品赏析等方式,引导学生进行创作。在评价总结阶段,给予学生鼓励,让他们逐步掌握学习方法,达到自主学习目的。

活动重点和难点

重点：利用216颗小球组合成立方体、基础六边形等。
难点：掌握巴克球的各种玩法。

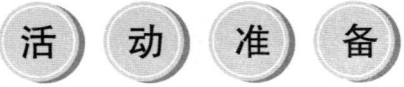

教师准备：PPT课件、视频等。
材料及工具：216颗巴克球。

活 动 过 程

一、组织教学

1. 教师组织学生有序进入活动室。
2. 教师清点人数。
3. 师生朗读课前誓词:严于律己,团结协作;动手动脑,勇于创新。
4. 教师强调活动室规则:
(1)进入活动室不得喧哗打闹,要认真听讲,违反纪律和不讲卫生的学生加倍扣分。
(2)活动中避免组与组混球、掉球、损坏球,更不能把球带走,如有违反者严肃处理。
(3)保持好活动室的卫生。
(4)宣布打分标准:85~100 分是 A+,70~85 分是 A,70 分以下是 B。

二、激发情趣 导入新课

教师:很多漂亮的图案都是由稳定的单元组成,18 颗球组成的六边形最为常见。多媒体演示巴克球的无穷魅力。提醒学生注意观察小元素的组成。

三、讲授新课(教师演练示范,学生实践操作)

教师讲授巴克球的玩法。

教师演示镂空图形的制作,内环及外环的组成。

学生辨别内环与外环是由多少颗球组成。

教师用多媒体演示六边形、三角形、五边形三种元素的组成及其造型。

小六边形的组成如下:

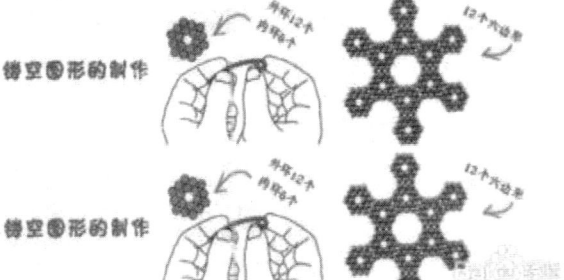

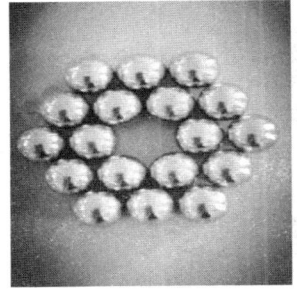

教师：小六边形是由多少颗球组成的？
学生：小六边形是由18颗球组成的。
奖杯的组成如图：

教师：大家看一下奖杯是由几边形组成的？共有几个六边形组成？
学生观察奖杯的组成。
教师：是不是先由9颗磁球组成圆，然后再组成三角形呢？
三角形的组成如下图。

组成五边形的造型如下图。

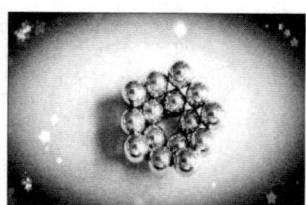
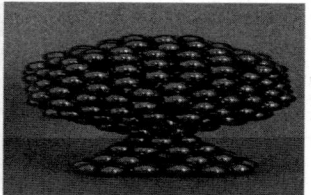

教师用多媒体演示立方体的组成及切卡的使用。

1. 学生练习三角形、五边形、六边形的捏法和组成。
2. 学生合作探究,尝试创意作品。
3. 教师检查指导。
4. 教师给学生分组,两人1组,各发1套球。
5. 学生练习20分钟,达到熟练程度,后15分钟完成1个小作品创作。

教师强调注意事项:
  小金属球可能有害或致命,不能吞下。磁铁可能破坏、摧毁电子设备,完成作品时组与组之间不要隔得太近。

比一比

展示作品　感悟收获

各小组轮流展示作品,介绍构思以及组成方法。

活 动 总 结

1. 学会运用所学过的知识表现美,创造美。
2. 尝试一下怎样把巴克球做出高端的作品?

  以素质教育为指导,学生主动参与为前提,自立学习为路子,合作学习为形式,培养创新精神和实践能力为重点,设计以上授课环节。

(指导教师:刘玉萍)

综合实践活动设计与探索

探索自然

活动目标

知识目标：了解古今中外不同时期人们探索自然的进程,感受科学家对自然科学孜孜以求的探索精神。

能力目标：能用科学语言条理清晰地解释自然现象。

情感、态度与价值观目标：养成探索大自然奥秘的热情和兴趣。

认识大自然

大自然是与人类社会相区别的物质世界,即自然科学所研究的无机界和有机界。自然界是客观存在的,它是人类即自然界的产物本身赖以生长的基础。水、空气、山脉、河流、微生物、植物、动物,等等,都属于大自然范畴。雄伟的山峰,广袤的原野,欢快的溪流,深沉的海洋,都会引起人们深思;朝晖夕阴,寒来暑往,花开花落,鸟语虫鸣,都会引起人们遐想。人类生活在大自然的怀抱中,人与自然的关系应当是一种"生命维系"的关系。人类只有善待和保护大自然,大自然才会变得更美,人类才能更好地生活。

活 动 意 义

发现大自然奥秘,满足人类求知欲,增长知识。

活动重点和难点

重点：让学生了解并掌握自然界里许多千奇百怪、妙趣横生的科学。

难点：了解大自然的纷繁复杂。

-134-

探索自然

活动准备

1. 墙体保温。
2. 垃圾填埋处理现场。
3. 都江堰水利工程。
4. 温室气体效应等活动器材。

活动过程

一、创设情境 激发兴趣

通过视频使学生了解,水、空气、山脉、河流、微生物、植物、动物都属于大自然范畴。研究大自然的科学是自然科学,包括数学、物理、化学、生物学、地理学等,这些科学的分支学科非常繁杂。如生物科学可分为微生物学、植物学、动物学三大学科;进而又可分出分子生物学、细胞学、遗传学、生理学等学科。各学科交叉又会衍生出许多分支学科,如生物化学、生物物理学、分子结构生物学等。

二、教师讲解活动器材的使用

1、墙体保温

墙体保温技术是指使用的墙体围护结构材料本身具有一定的保温隔热性能,由此构成的墙体能够满足节能50%或者65%的要求墙体保温技术,它主要是使用保温隔热性能好的建筑砌块,配套轻质砌筑砂浆,使墙体的传热系数满足当地设计要求,并对现浇的梁、柱等热工性能差的部位进行外保温处理。

2、垃圾填埋处理现场

(1)卫生填埋。倾倒一层城市垃圾(厚60厘米),将其压实,上覆厚15厘米的土、沙或粉煤灰,如此反复,最后覆以90~120厘米的表层土。

(2)压缩垃圾填埋。将垃圾压缩后回填,可防火,防滋生蚊虫,分解缓慢。

(3)破碎垃圾填埋。可防火,有利于需氧菌繁殖。城市垃圾的填埋场地最低处应高出地下水位3米以上,填埋场应采取防渗和排气措施。填埋场封闭后可作绿化场。

 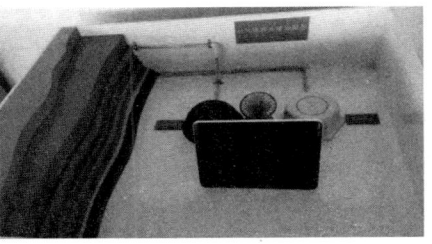

-135-

3.都江堰水利工程

4.温室气体效应

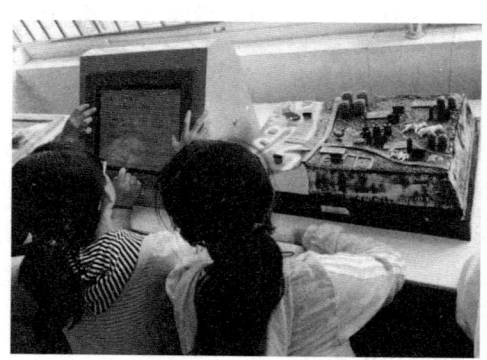

教师分组,让学生按顺序将活动室器材逐一练习。

比一比

展示演练 感悟收获

各小组讨论各种器材的作用,感受美好大自然。

活动总结

大自然充满神奇和奥秘,能给我们带来超乎想象的神奇感受,每一次翻阅都会产生无限遐想……

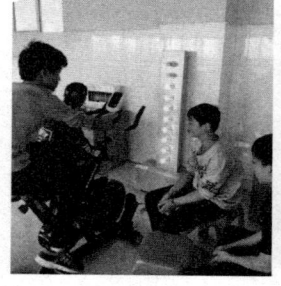
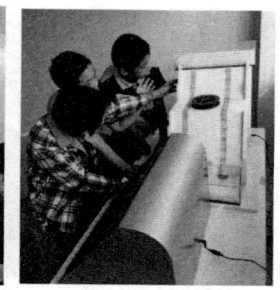

教学中,以教材为依托,拓展教学空间,开阔学生眼界。让学生走进大自然,领略大自然的壮阔和美丽,表达自己的观察所得和真实情感。

(指导教师:刘玉萍)

软陶艺术

活动目标

知识目标：初步了解软陶艺术,掌握软陶特点和基本制作方法。

能力目标：运用揉、拍、搓、捏、刮刻、粘贴等基本技法表现小动物的特征。培养学生对形体结构的观察能力,提高学生立体造型的表现能力。

情感、态度与价值观目标：体验动手乐趣,培养学生自信心,增强他们的成就感。

认识软陶

软陶是一种低温聚合黏土,又叫彩陶,是一种集陶土、黏土、雕塑油泥、橡皮泥特点于一身的新型手工艺制作材料。

软陶特点：色彩饱满、无毒无味、质感细腻;油性材料,防水、防霉、不褪色、不变形,在空气中不会干燥;可与布类、木头、金属片、玻璃等材质混合使用;烧制后不变形,能永久保存。

活动意义

软陶是无毒、无味、无刺激性的低温聚合性陶土。该材料色彩丰富,柔韧性好,是一种集陶土、黏土、雕塑油泥和橡皮泥优点于一身的新型手工艺创作材料。经普通家用电烤箱烘烤后,即成为色彩亮丽、图案千变万化、坚硬如陶的精美艺术品。作品完成,学生获得成就感。软陶作品制作活动蕴含从观察到思维、从认识到操作、从想象到创造等多种教育契机。

活动重点和难点

重点：掌握软陶制作的基本技法。

难点：表达意图的准确性、独创性以及塑造手法的多样性。

软陶艺术

教师准备:软陶作品视频、课件
材料及工具:软陶泥、龙虾扣、软陶工具等。

一、图片导入

教师播放软陶作品视频,让学生感受软陶魅力。要求学生观看视频时从作品结构、形状等方面进行赏析。

二、亲身体验

学生通过欣赏软陶图片,对软陶艺术有了初步认识。那么软陶到底是什么?具有怎样的特点呢?

带着这样的问题,教师发给每位学生一块预先准备好的软陶泥,让学生感受软陶泥并分享心得。

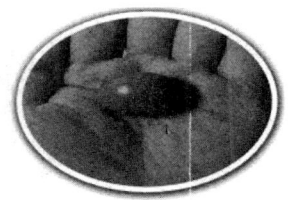

三、问题探究 示范操作

1.介绍软陶基本造型和技法。

教师展示两组作品或图片,学生讨论思考:(1)哪组更精美?区别在哪儿?(2)用什么办法可以让作品变得更加精美?

—139—

小组讨论,总结要点:主要区别在基本造型是否饱满、光滑,细节刻画是否细致到位,颜色搭配是否合理等。

(3)讨论:基本造型有哪些?怎样做?

圆是软陶制作中最基本的造型,在圆的基础上运用揉、搓、捏、压等技法做出椭圆、水滴、薄片等其他形状。

基本造型:球形、椭圆形、水滴形、柱形、泥条、薄片等。

基本方法:揉、搓、捏、压、戳、刮刻、粘贴等。

2.以小熊制作为例,示范软陶制作过程。

老师视频演示制作过程,总结注意事项:

1.洗净双手,擦净桌面,以免弄脏软陶泥。

2.先揉浅色,再揉深色,以防混色。

3.揉泥时用手掌反复压揉,使其变软。揉至成团不裂即可。

(1)先把泥分成大小不同的几部分。

(2)注意各部分比例适当。

(3)注意各部分位置适当。

(4)各部分粘贴时要压牢,但不能把作品压变形。

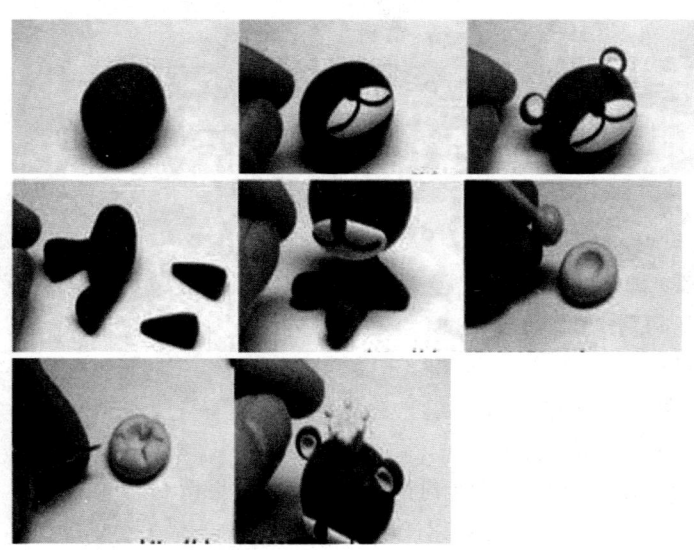

四、小组合作 动手实践

1.将每块泥分成合适等份,按小组分发给学生。

2.学生自由创作。

学生联系生活实际,发挥想象力,自创主题(例如:动物乐园、水果之家)。作品贵在生动,注意立体效果。

3.制作要求：

(1)使用工具时注意安全。

(2)制作时要仔细、认真。

(3)注意彩泥的用量,不要浪费。

(4)色彩搭配要合理。

五、展示作品 表达创意

将做好的作品摆在桌子中央,大家一起欣赏,进行自评、互评,教师及时点评。

活 动 总 结

软陶作品看似简单,做起来并不容易。需要我们细心观察,认真学习,耐心创作。做任何事情都一样,只要有足够的信心和耐心,就一定能做好。

学生回去后自己收集材料,在家长帮助下,运用烘烤法或水煮法将作品定型,使之永久保存。

(指导教师:高妮)

模拟飞行

知识目标：让学生学会操控系统，驾驶模拟飞机。

能力目标：培养学生良好的心理素质、准确的立体方位感、敏捷的思维、快速的反应，训练学生的协调操作能力。

情感、态度与价值观目标：培养学生的航空兴趣，满足学生的飞行愿望，让他们朝当飞行员的梦想迈出实践第一步。

活动背景

随着航空事业的飞速发展，学生对飞行或飞机越来越关注，玩航模的学生也越来越多，此领域急需一门专业课程。

学习、工作和生活中经常需要三维思维，而学生们大多缺乏三维空间思维，立体方位感较差，因此开设一门专业飞行课程很有裨益。

活动重点和难点

重点：了解飞机飞行常识，培养学生的航空兴趣。

难点：模拟操纵飞机平稳地起飞。

活动准备：

1.教室卫生干净，准备垃圾桶。

2.每台电脑前摆放四条凳子，成一条直线。

3.电脑开机，模拟器打开，关掉油门，软件预设。另外对初中生只是电脑开机，对小学五六年级开机并打开软件，并点击模拟开始。

一、组织进入教室(3分钟之内)

有序进入,书包整齐码放在讲台上。学生合理分组(3~4人一组;小学男女生分开,初中男女生可混合编组),坐在凳子上,面向讲台,不乱动电脑和模拟器。

二、讲授(15~20分钟)

1.上课纪律:不准争抢电脑及模拟器,杜绝打架骂架,不准吃零食、喝水,不准随意走动,不准躺、跪、站在凳子上,不许大声喧哗,提问时坐在原位举手,上厕所要告知。

2.活动介绍:模拟飞行是通过操作模拟器(即遥控器)发射电子信号至电脑,从而控制软件中的飞机,达到真人驾驶飞机的效果。模拟飞行也是飞行员驾驶真正飞机前的必备课程。

3.上课形式:视情况让学生轮流操作3~5次或3~5分钟。

4.本课任务:让飞机起飞、平稳飞行、左右转弯、180°转弯、向操作者飞回、降落。视情况节选任务。

5.讲授飞机知识:

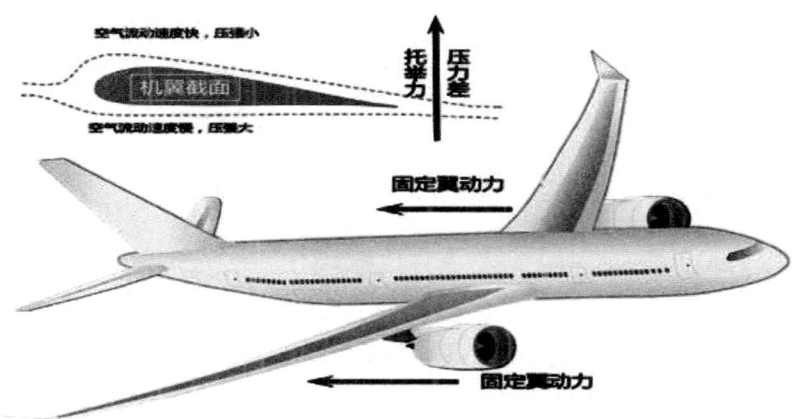

(1)飞机的基本概念:有动力驱动的固定翼飞行器,区别于学生常见的直升机和滑翔机。

(2)飞机的基本构造:以简单飞机模型(自制PC板材飞机)介绍机身、侧翼、垂直尾翼、水平尾翼、副翼、襟翼、方向舵、升降舵、起落架、发动机。介绍时间视学生情况而定。

(3)飞机的飞行原理(粗略讲解):

动力:动力来源包括活塞发动机、涡轮螺旋桨发动机、涡轮风扇发动机、火箭发动机等。

转向机制:先通过上下左右倾斜的纸片面对风吹时的转向,讲解基本原理。再示范副翼、方向舵、升降舵的转向原理。

6.模拟器的操作方法及注意事项:

综合实践活动设计与探索

(1)左右操纵杆的作用：

右手控制右操作杆，前后推拉为加速、减速，左右拨动是控制副翼带动侧翼左右转；左手控制左操纵杆，前后推拉为向下、向上飞行，左右拨动为方向舵引起的左右转弯。

强调以下几点：

①只准动左右操纵杆，其他按钮开关一律不许动。

②油门开关一般不要推到最前最大，油门拉到最后最低是关掉油门，但飞机仍会滑翔。

③右操作杆左右拨动要灵敏有度，尽量轻微调整。

④左操纵杆往后拉动，采取拉下—默数1、2—松手操作，不要一直往后拉，以免造成飞机竖直转圈。

⑤左右转弯主要靠右手操作。

视情况增减。

(2)组合操作介绍：

①起飞：右手缓慢往前推，左手往后拉。注意操作要领。

②平衡调整：

左右平衡：飞机往左倾斜，右手往右拨。注意，从操作者来看，在飞机飞出去和飞回来两种情况下，操作者的左右和飞机的左右是相同和相反的。

上下平衡：飞机向下坠，左手往后拉，反者反之。

翻转调平：在飞机翻转过来，机背朝下时，可以优先使用左右平衡，也可以使用上下平衡。

③转弯：主要讲解180°转弯：右手往左(右)拨，左手往左(右)下方多次间断拨。

④降落：分解为转弯—关油门—调平—波浪起伏飞行—擦地而停。

7.学生动作练习：

(1)模拟左右手上下左右操作及理解用途：学生平伸左右手，老师下口令，学生模拟动作。

(2)模拟组合操作。分为起飞、调平、转弯、降落四类，视学生情况选用。老师模拟飞机，

-144-

学生伸出双手,集体模拟相应过程。

三、开始活动

1.开始飞行:

左键点击"模拟",点击"开始",教师做相应的课前预设和课间帮助。

2.教师中间巡查:

(1)指导学生,纠正错误,抓典型。

(2)强调纪律,发现问题,及时制止。

(3)解决设备问题。

(4)消除安全隐患。

四、结束活动

下课前5分钟,教师组织学生摆好桌椅、关掉模拟器油门、有序拿好自己物品、捡拾垃圾、尽快列队。

通过讲解模拟飞行相关知识,激发学生学习兴趣。

1.评价学生学习情况,指出后续自主学习方向。

2.激励学生的飞行热情。

活 动 延 伸

课下请学生搜集飞机的分类标准及类型,增进对飞机的了解。

(指导教师:王乐信)

综合实践活动设计与探索

心理沙盘

知识目标：认识沙盘组件，了解沙盘功能。
能力目标：会用沙盘全面展现自己的心理活动。
情感、态度与价值观目标：让学生通过沙盘游戏打开心扉，了解怎样与他人沟通交流，树立集体意识，学会团结合作。

认识心理沙盘

一盘细沙，一瓶清水，一架子各式各样的物件造型，加上治疗师的关注与投入，来访者的自由表现与创造，这就构成了沙盘游戏的最基本的要素！而就在这简易的设置中，内心的世界得以呈现，心灵的充实与发展，治愈与转化也获得了可能。这就是在国际上受到普遍推崇的沙盘游戏治疗方法。除了荣格的心理分析之外，它也被人本主义治疗、格式塔治疗和整合性动力治疗等广泛接受，成为表现性和艺术治疗的主流，同时也被逐渐运用于学校心理教育与心理治疗。

心理沙盘有两大基本构成要素：沙子和人或物的缩微模型。沙是儿童最爱玩的材料之一，几乎每一个人儿时都曾有过玩沙的经验，不同国家、不同时期的儿童都几乎不例外。沙的流动性和可塑性，使人们可以任意发挥想象力，可以用它来建造自己心中的城堡、村庄、山川和河流，以及其他任何东西。由于沙粒是由地球表面岩石的风化形成的，沙还被认为是浇注和塑造象征世界的映象物的理想材料；布莱克就在《天真之歌》中写到，我们可以"在一粒沙中看到整个世界"。

活动重点和难点

重点：让学生在活动过程中学会与别人愉快相处。
难点：引导学生发挥想象力，用特别的方法摆放物品，体现主题内容。

心理沙盘

活动准备

物品:沙盘桌四张,凳子大量,沙盘玩具若干。
强调游戏安全:
1. 活动中注意安全,不可嬉笑打闹,避免摔倒碰撞。
2. 活动过程中不可大力扬起沙子,避免吸入肺中;避免沙子落在地上导致地面很滑。
3. 沙盘玩具不可随意放进嘴中。

活动过程

规则介绍:
1. 老师先向学生介绍沙盘、各种玩具以及为湿沙盘提供的用水。学生可以利用这些材料在沙盘上创造出不同图景。
2. 把学生平均分成四组,小组团结合作,集思广益,创造出一幅理想画面。

学生按分好的小组动手体验。老师注意观察及时指导。引导学生与他人进行有效的沟通交流,发生分歧时知道怎样解决,帮助学生培养集体意识,学会团结协作。

小组分享

小组选出代表向大家介绍自己组的作品,想表达什么思想,有什么收获。

活动总结

面对一幅沙盘图画,我们能感受游戏者发自心底的声音,感受其无意识的自发显现。

沙盘游戏并非单纯以采访儿童的心理症状为工作目标，而是注重其内在心理的充实与发展。在儿童的健康成长方面，如培养自信与人格、发展想象力和创造力等方面都发挥着积极作用，因此特别符合心理教育的基本主张，为学校心理教育开辟了一条新的途径。根据国内外一些实证研究，沙盘游戏对于存在焦虑、注意力不集中、言语沟通困难以及适应困难等问题的儿童具有良好效果。

（指导教师：董文秀）

交通科普

活动目标

知识目标:让学生认识基本的交通标志及意义。
能力目标:掌握交通规则,学习急救方法,增强安全意识。
情感、态度与价值观目标:引导学生牢固树立交通安全意识,安全使用交通工具。

本次教学主要内容是学习各种交通安全标志,让学生懂得遵守交通规则的重要性以及不遵守规则带来的危害性。为了自己和他人安全,人人都必须遵守交通规则,从而有效避免交通事故的发生。

教师准备:交通标志牌、安全带、交通安全事故视频、模拟驾驶汽车等。

活动重点和难点

重点:学习有关交通法规。
难点:辨识常见交通标志,了解交通安全常识。

一、学习各种交通安全标志

道路交通标志分主标志和辅助标志两大类。

主标志又分为警告标志、禁令标志、指示标志、指路标志、旅游区标志和道路施工安全标志六种。

警告标志:警告车辆、行人注意危险地点的标志。为黄底、黑边、黑图案,顶角朝上的等边三角形。共有49种。

综合实践活动设计与探索

禁令标志：除个别标志外，多数为白底、红圈、红杠、黑图案，形状为圆形、八角形、顶角朝下的等边三角形。设置在需要禁止或限制车辆、行人通行的路段或交叉口附近。共有43种。

指示标志：指示车辆、行人行进的标志。为蓝底、白图案，形状分为圆形、长方形和正方形。设置在需要指示车辆、行人行进的路段或交叉口附近。共有29种。

指路标志：传递道路方向、地点、距离信息的标志。除里程碑、百米桩外，一般为蓝底、白图案，高速公路一般为绿底、白图案；除地点识别标志、里程碑、分合流标志外，一般为长方形和正方形。设置在需要传递道路方向、地点、距离信息的路段或交叉口附近。共有146种。

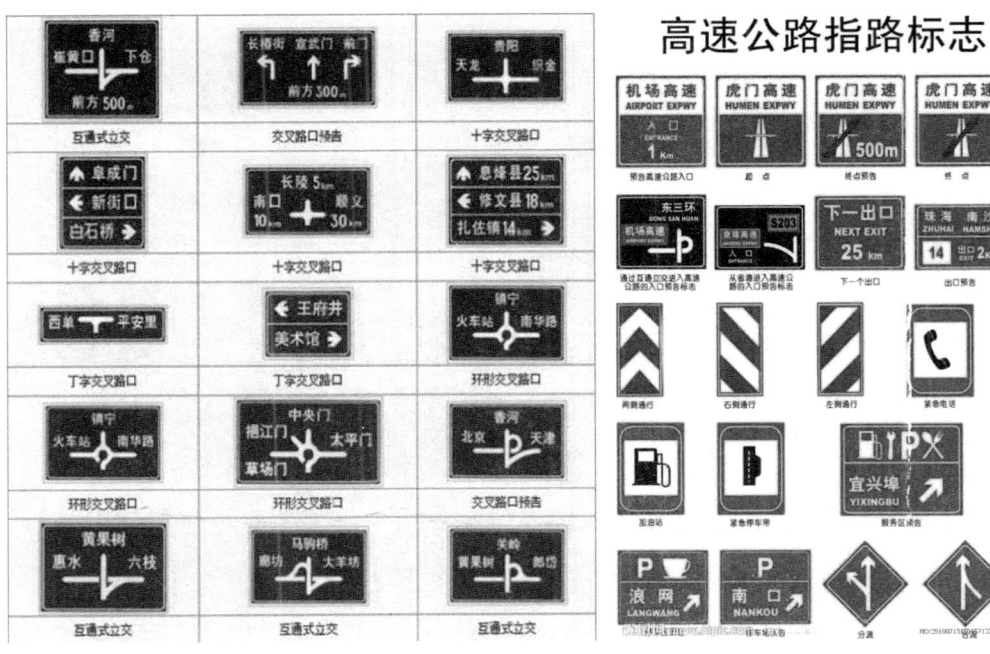

旅游区标志：提供旅游景点方向、距离的标志。为棕色底、白色字符图案，形状为长方形和正方形。旅游区标志又可分为指引标志和旅游符号两大类，设置在需要指示旅游景点方向、距离的路段或交叉口附近。共有17种。

综合实践活动设计与探索

道路施工安全标志：通告道路施工区通行的标志，用以提醒车辆驾驶人和行人注意，共有 26 种。其中，道路施工区标志有 20 种，用以通告高速公路及一般道路交通阻断、绕行等情况，设在道路施工、养护等路段前恰当位置。

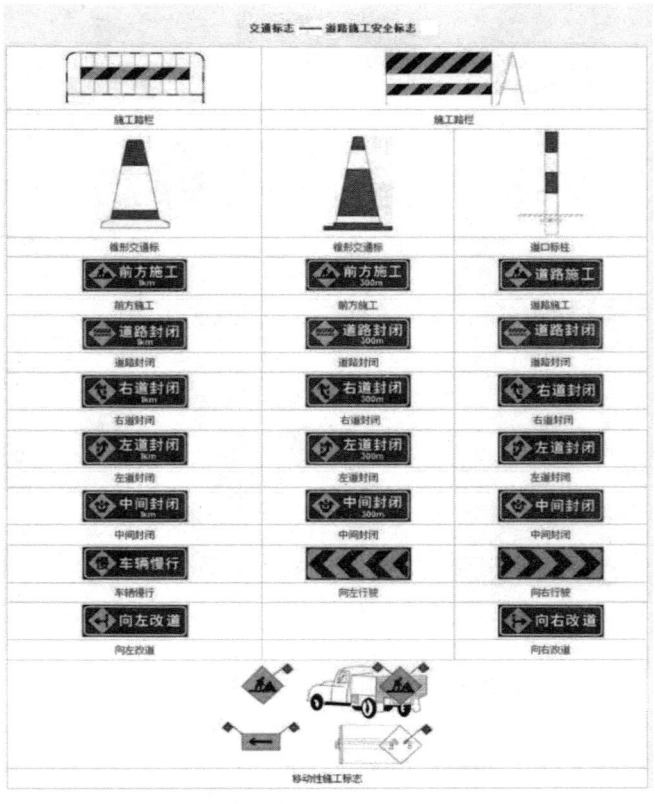

辅助标志:辅助标志是在主标志无法完整表达或指示其内容时,为维护行车安全与交通畅通而设置的标志。为白底、黑字、黑边框,形状为长方形,附设在主标志下,起辅助说明作用。

四、指路标志

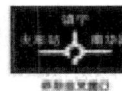

二、交通安全十项注意

1. 遵守交通规则。
2. 行人应走斑马线、天桥、地下通道等。
3. 乘车应系好安全带,关好车门,车停止后从车的右侧车门下车。
4. 乘车时不把手、头伸出车体外,不往车外抛物、吐痰等。
5. 不乘坐无牌、无证或破旧老化的车、船等。
6. 不进入交通管制区。
7. 乘车时应尊老爱幼。
8. 乘坐飞机、火车、汽车、轮船、轨道机车等要服从管理人员指挥和引导。
9. 在规定站点候车、下车。
10. 排队购票。

三、交通安全十大危险

列举一两个重大交通事故案例,教育学生重视交通安全,遵守交通规则。

1. 突然横穿马路。
2. 在马路上踢球、打闹。
3. 比赛追逐机动车辆、自行车等。
4. 钻、爬栏杆,不走人行天桥和地下通道。
5. 在汽车后面或底下玩,未发现汽车启动或倒车。
6. 下车后不看清同向有无来车,即猛跑过马路。
7. 不走人行横道而走在机动车道上。
8. 过马路时对车速判断不准,想在汽车到达前过马路。
9. 在汽车夹缝中穿行。
10. 在住宅区内不注意车速快的汽车。

四、交通事故的急救措施

1.现场组织：临时组织救护小组，统一指挥，避免慌乱。要立即扑灭烈火或排除发生火灾的一切诱因，如熄灭发动机、关闭电源、搬开易燃物品，同时派人向急救中心呼救，指派人员负责保护肇事现场，维持秩序。

对伤者分轻重缓急进行救护。对垂危病人及心跳停止者立即进行心脏按压和口对口人工呼吸。对意识丧失者宜用手帕、手指清除伤员口鼻中泥土、呕吐物、假牙等，随后让伤员侧卧或俯卧。对出血者立即止血包扎。如发现开放性气胸，应进行严密封闭包扎。如伴有呼吸困难张力性气胸，若条件许可，可在第二肋骨与锁骨中线交叉点行穿刺排气或放置引流管，对骨折处进行固定。对呼吸困难、缺氧并有胸廓损伤、胸壁浮动（呼吸反常运动）者，应立即用衣物、棉垫等充填，适当加压包扎，以限制浮动。

2.正确搬运：不论在何种情况下，抢救人员特别要预防颈椎错位、脊髓损伤。

（1）凡重伤员从车内搬动、移出前，首先应在地上放置颈托，或行颈部固定，以防颈椎错位，损伤脊髓，发生高位截瘫。一时无颈托，可用硬纸板、硬橡皮、厚帆布仿照颈托，剪成前后两片，用布条包扎固定。

（2）对昏倒在坐椅上的伤员，安放颈托后，可以将其颈部及躯干一并固定在靠背上，然后拆卸座椅，与伤员一起搬出。

（3）对被抛离座位的危重、昏迷伤员，应原地上颈托，包扎伤口，再按脊柱损伤的原则搬运。动作要轻柔，托住腰臀部，搬运者用力要整齐一致，将伤员平放在木板或担架上。

3.现场急救后，根据轻重缓急由急救车运送伤员，千万不要现场拦车运送危重病人。否则由于其他车辆缺乏特殊抢救设备，伤员多半采取不正确的半坐位、半卧位、歪侧卧位等而加重伤势，甚至死于途中。

比一比

老师出题，分小组进行抢答比赛。看哪个小组对交通标志、交通规则掌握最好。

活动总结

通过学习，我们不仅认识了交通标志，还了解了交通法规。交通安全与我们日常生活息息相关。为了自己和他人安全，我们不仅要自觉遵守交通法规，还要向身边人宣传，让大家共同维护交通秩序。

2012年12月2日为第一个"全国交通安全日"。国家设立"全国交通安全日",对促进道路安全畅通、推动社会文明进步、加强社会公德建设产生深远影响。有利于形成政府主导、部门联动、行业尽责、公众参与的交通安全宣传教育工作长效机制。不断提高全民交通法制意识、安全意识和公德意识,为切实增强人民福祉、全面建成小康社会创造安全、畅通、文明、和谐的道路交通环境。

(指导教师:董文秀)

无线电测向

知识目标：了解无线电测向的使用价值和工作原理。
能力目标：区分不同电台呼号，学会用无线电测向机寻找电台目标。
情感、态度与价值观目标：开阔视野、强健体魄、磨炼意志。

认识无线电测向

无线电测向是利用无线电测向机测出无线电台发射出来的电波及其传播方向，以确定发射机位置的技术。无线电测向广泛应用于军事、公安、航空、航海、交通、救灾、科研等许多领域。无线电测向运动亦称无线电"猎狐"，是利用无线电信号迅速、准确地测定隐蔽电台方位，寻找出隐蔽电台的一种体育竞技运动。这一运动深为广大无线电爱好者所喜爱，很受中小学生欢迎。

无线电测向运动集科技教育、竞技体育和操作实践于一体，可以丰富学生课外生活，提高学生身体素质、心理素质和科技素质。

活动重点和难点

重点：测向机组装及搜台方法，使用测向机接收信号、寻找信号源。
难点：测向机的调试，使用测向机寻找信号源。

无线电测向

活动准备

准备好比赛所需要的各种器材,排除活动范围中存在的安全隐患,布置好信号发射器和打卡器。

活动过程

教师:同学们都玩过遥控汽车,在玩遥控汽车时你会将遥控器天线对准哪个方位?为什么?

接收器(玩具汽车)相对发射源(遥控器)的方位不同,会对信号的接收效果产生影响,从而可以根据接收信号的强弱判断发射源方位。无线电测向机的用法与此类似。

一、设备组装

测向机组装方法:天线振子共6根,最长两根安装在机身尾部(反射器),最短两根安装在机身前端(引向器),其余两根安装在机身中部(有源振子)。通过调整引向器连杆,使6根振子保持在同一平面上。

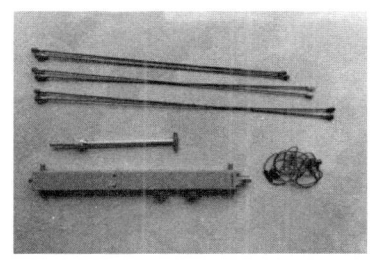
组装效果图

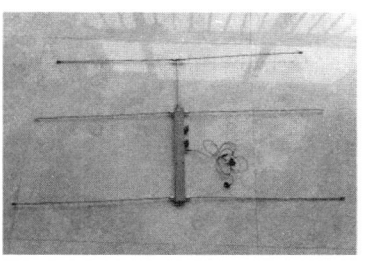

将测向机搜台与使用收音机收听广播节目进行类比,便于学生迅速掌握测向机操作。

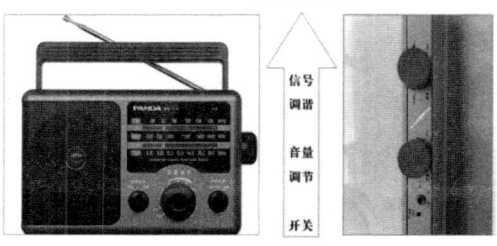
收音机听广播 VS 测向机听电台信号

-157-

二、使用测向机搜寻电台

1. 测出电台方向线。

当测向机收到电台信号后,转动天线360°,依靠尖锐的主瓣方向(此时引向器的前引伸方向声音最大),即可明确测出电台方向线。

2. 方向追踪。

沿测向机指示电台方向边跑边测,直接接近并找到电台的方法叫方向跟踪。在地形简单、障碍较少的情况下,方向跟踪时可快速奔跑。在跑动中左右摆动测向机,不停校正方向(注意随时调小音量)。

3. 确定电台位置。

在距电台很近时,利用测向机音量随距离变化的特性确定电台位置。

三、实地探测

学生走出教室,走进校园,利用校园模拟无线电测向竞赛场地,实地练习利用无线电测向机探测电台。

此环节设置小组竞争。在竞赛的15分钟内,评比哪个小组找到的电台数较多。

教师在校园中事先安装好若干部电台。学生根据电台拍发电码的不同频率来区分电台。隐蔽电台使用莫尔斯电码拍发的呼号如下:

编号	呼号 144——146MHz
1号台	·————
2号台	··———
3号台	···——
4号台	····—
5号台	·····
6号台	—····
7号台	——···
8号台	———··
9号台	————·
0号台	—————

"—"代表长音信号,"·"代表短音信号。

活 动 总 结

无线电测向将科技探究和体育竞技融于一体,将无线电知识应用于实际,学生兴趣较高,活动中始终保持着兴奋感;在合作过程中排除错误信号的干扰,把握住最正确的信息,直到找到电台,体验探寻宝藏式的喜悦。

学生初次接触无线电测向活动,能否成功找到电台,教师的引导非常重要。帮助学生克服困难,不能简单地代劳,要用启发方式引导学生。学生表现出的闪光点,教师一定要及时发现与肯定。还要注意培养学生排除干扰、有耐心、坚持不放弃的精神。

学生学习无线电测向技术并实地演练后,想一想:无线电测向技术可以应用于哪些领域?

例:四川卧龙山野生动物研究基地利用无线电信号追踪放生的野生动物,对此加以研究。另外,利用GPS定位仪和无线电测向网监测别国潜艇活动等都是无线电测向技术的应用。

(指导教师:王振青)

综合实践活动设计与探索

定格动画

活动目标

知识目标：了解定格动画的基本原理。
能力目标：学会简单定格动画的制作过程。
情感、态度与价值观目标：通过定格动画的制作，培养学生的创新能力。

认识定格动画

　　定格动画是通过逐格拍摄对象，连续放映，从而产生仿佛活了一般的人物或者你能想象到的任何奇异角色的一种影像技术。通常所指的定格动画都是由黏土偶、木偶或混合材料的角色来演出。这种动画形式的历史和传统意义上的手绘动画历史一样长，甚至可能更古老。

活动意义

　　在校园中开展动画电影制作，不仅能带给学生视觉快感，还能使他们心情愉悦。这项活动既能满足学生制作、观赏的愿望，又可传递知识和技能。影视制作学习作为一种操作性强、教育功能完善的技术手段，对推进素质教育的发展具有更直接、更明显的作用。

活动重点和难点

重点：认识定格动画的基本原理。
难点：定格动画的剧情编写及拍摄制作。

活动准备

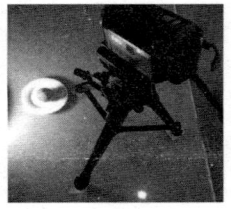

材料：橘子和盘子。

设置相机：在盘子底部粘上双面胶，使其牢牢粘在桌子上，三脚架也粘在桌子上。

定格动画

教师：同学们都喜欢看动画片吗？大家刚才看到的《了不起的狐狸爸爸》是怎样拍出来的呢？这节课我们就一起体验一下这种电影动画的制作方法。

这种制作十分特别：将拍摄对象进行实物配景、构图、布光，再一张接一张逐格拍摄，然后把这些图片连接成视频文件再播放出来。它是动画的一种类型，其制作技术不同于传统二维动画，也不同于通过电脑软件技术实现的三维动画，它是一种独特的动画表现形式。一些原本没有生命的、不会活动的实物通过这种连续摆拍的方式都拥有生命，活了起来。

整个制作过程可以概括为：

一、构思故事情节

考虑作品内容，以及用怎样的材料来制作角色。

二、准备产生动作的物体和照相机

制作模型等用具，准备好拍摄场地，布置好角色和相机。

三、拍摄

在一点点使角色动起来的同时，用相机进行拍摄。

四、用电脑制作动画

将拍摄的图像输入电脑，运用影片编辑软件制作动画。

制作橘子笑脸

用橘子来制作影片，基本没有特别的准备，仅仅移动一下橘子就制成有趣的影片。随意地剥落或移动橘子皮，最后用橘子拼出一张脸，制作时可以随心所欲。

在橘子上画好位置标记线，在盘子上粘贴胶带，并在胶带上同样做好标记，放置橘子时将标记线条对准。

一点一点剥掉橘子皮，同时拍摄剥皮场景。这一场景结束，就将盘子上的胶带揭去。

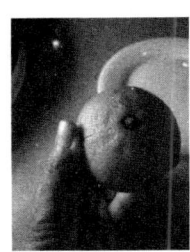 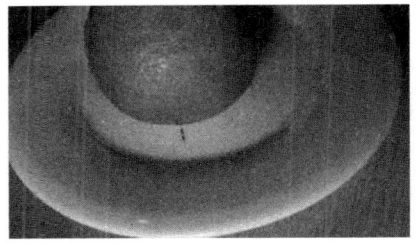 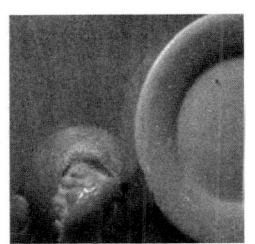

综合实践活动设计与探索

　　在将橘子分散成橘子瓣之前,动作要轻柔。拍摄橘子瓣一个一个分散开并倒下比较困难,所以就让它们一下子全部倒下。

　　要记住10瓣橘子每瓣如何运动有难度,所以确定它们基本上都是朝着外侧运动即可。此外也可以通过画图来制定计划。

　　利用橘子瓣摆出眼睛、鼻子、嘴巴的形状,适当上下移动嘴巴,就可以呈现出笑或说话的样子。

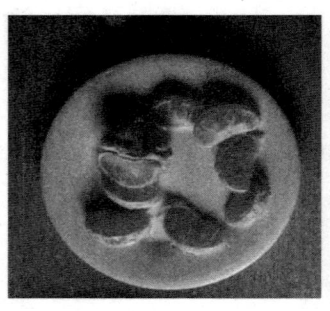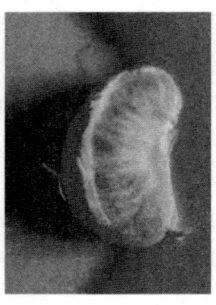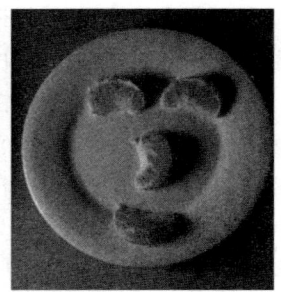

比一比

　　将每个小组制作的视频分享播放,互相评价,每个小组的优点和缺点分别是什么,互相学习进步。

　　除了橘子外,也可以制作削苹果皮或香蕉皮的影片。仅从蔬菜、水果的种类就能看出该怎样对其摆弄以及怎样设计故事情节。

活 动 延 伸

　　很多学校在影视教育问题上举棋不定,担心占用学生时间,影响学习成绩。其实,这个问题不难解决。影视教育可以有多种实现途径,和文化课有机结合就是一种很好的方式。

（指导教师：董文秀）

磁力探究

活动目标

知识目标：初步理解磁悬浮及电磁感应原理。
能力目标：掌握磁极的属性和磁极间相互作用规律，学会操作磁悬浮陀螺。
情感、态度与价值观目标：培养学生的耐心和毅力，锻炼学生平衡协调能力和动手操作能力。

认识磁

在电磁学里，当两块磁铁或磁石相互吸引或排斥时，或当载流导线在周围产生磁场，促使磁针偏转指向，或当闭电路移动于不均匀磁场时，会有电流出现于闭电路，这些都是与磁有关的现象。凡是与磁有关的现象也都与磁场有关。

磁悬浮技术是指利用磁力克服重力使物体悬浮的一种技术。

目前的悬浮技术主要包括磁悬浮、光悬浮、声悬浮、气流悬浮、电悬浮、粒子束悬浮等，其中磁悬浮技术比较成熟。

磁悬浮技术实现形式比较多，主要可以分为系统自稳的被动悬浮和系统不能自稳的主动悬浮等。

磁悬浮列车是由无接触的磁力支承、磁力导向和线性驱动系统组成的新型交通工具，主要有超导电动型磁悬浮列车、常导电磁吸力型高速磁悬浮列车以及常导电磁吸力型中低速磁悬浮列车。

磁悬浮陀螺里有一小块磁铁，跟下面的大磁铁是同磁极相对。根据同性相斥原理，两块磁铁产生相斥磁力。当小磁铁高速旋转起来时，角动量守恒能够确保小磁铁的磁轴始终在竖直方向，这样磁力与重力抵消，不会产生水平方向上的运动，从而在大磁铁上方一个小区域内形成一个较为稳定的平衡点，于是出现了悬浮陀螺。

学生亲自动手体验关于磁的各种仪器，降低学生探究理解磁原理的难度，引发学生对磁现象学习的兴趣，使学生对磁的一些基本性质及应用有初步了解。

综合实践活动设计与探索

活动重点和难点

重点: 磁体的基本性质及磁悬浮基本原理。
难点: 磁悬浮陀螺仪平衡的操作。

教师准备:条形磁铁、马蹄形磁铁、磁球、磁悬浮列车模型、磁悬浮陀螺仪、磁悬浮小火车。

一、导入

关于磁现象大家应该不陌生。同学们想一下,生活中遇到过哪些磁现象?

儿童磁性画板、古代的司南、磁悬浮摆件、磁悬浮列车……

今天我们就来体验一下磁场奥妙。

小组合作,利用桌面上的器材解决下面问题:

1. 磁体能够吸引桌上哪些东西?
2. 磁体上各处的磁性强弱一样吗?
3. 为什么磁体的两个磁极叫南极(S)、北极(N)?
4. 用条形磁铁一端与磁针两极相互靠近,有什么现象发生?说明了什么?
5. 你能使钢针、大铁钉获得磁性吗?它们被磁化后有何不同?

答案解析

1. 磁性:能够吸引铁、钴、镍等物质的性质。
2. 磁极:磁体上磁性最强的部分。
3. 指向性:小磁针静止时一端指北(N极),一端指南(S极)。
4. 磁极的作用:同名磁极互相排斥,异名磁极互相吸引。
5. 磁化:使原来没有磁性的物质获得磁性。

接下来让我们了解一下磁体最重要的应用——磁悬浮列车。

二、磁悬浮列车模型演示

磁悬浮列车是一种靠磁悬浮力（即磁体的吸引力和排斥力）来推动的列车。由于轨道的磁力使之悬浮在空中，行走时不接触轨道，只受来自空气的阻力，速度可达每小时600公里以上。

三、自制电磁感应"小火车"

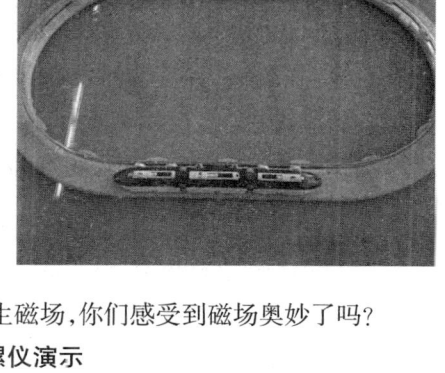

磁悬浮列车与铜圈小火车是根据电磁感应相互作用来制作的。电流可以产生磁场，你们感受到磁场奥妙了吗？

四、磁悬浮陀螺仪演示

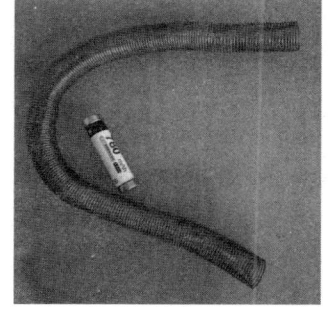

同学们玩过陀螺吗？这是很简单的一种益智类玩具，随便一转就能飞快地旋转起来。下面，同学们观察一下这种有磁性的陀螺有什么特点？

1.原理

陀螺悬浮是因为平衡力作用合力为零，表达式 G+F=0，即重力 G 与磁力 F 的大小相等方向相反，在同一条直线上。

磁悬浮陀螺在 3cm 处受到的磁力为定值，G 的大小通过调节。

调节片相应增减，使 $G=G_1+G_2$（G_1 陀螺本身重量，G_2 为重力调节片的重量）。

在了解磁悬浮原理后，通过精心演练，就可以达到无需电力、没有支点、反重力飞浮的神奇现象。

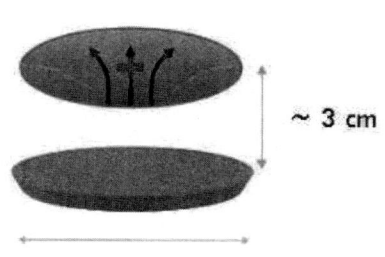

2.操作

（1）陀螺必须放置在平稳台面上，周围不能放置有磁性的物体。

（2）用一只手的拇指和食指掌握陀螺旋转手柄，将下端轻压在透明板中心位置，保持陀螺和底盘的垂直度。用一个暴力旋转手柄，使陀螺在透明板中心位置稳定快速旋转（旋转有一定难度，应耐心练习才能熟练掌握旋转技巧）。如右图。

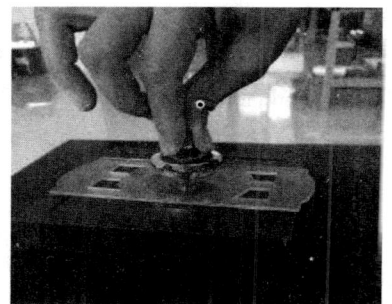

（3）陀螺在透明板中心位置稳定旋转后，用双手缓慢将透明板往上台升，使陀螺慢慢离开底盘。当透明板

综合实践活动设计与探索

达到适当高度时,陀螺重力和磁力相等,陀螺就会自动脱离透明板在空中旋转,此时可将透明板移走。

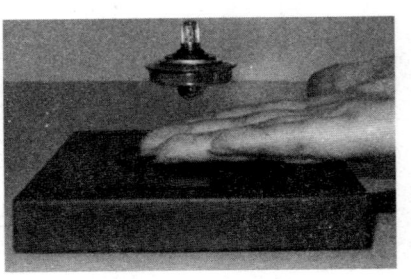

(4)调节陀螺重量。在进行第三步操作时,陀螺重量一定要调节正确。

在操作过程中,若陀螺重量太轻,在透明板上升过程中,由于磁力大于重力,陀螺会很快弹离透明板,脱离中心位置而无法达到稳定飞浮状态;若陀螺重量偏重,在透明板提升过程中,由于陀螺重力大于磁力,陀螺在透明板上打转打滑,无法脱离开透明板。因此每次调节重量时,要利用三种规格的碟片互相配合,经巧妙组合使陀螺重量和磁场排斥力相等。

调节底盘角度。陀螺在悬浮过程中,陀螺往哪个方向偏离就用三角形调节板往这个方向适当垫高底盘。通过底盘调节,可使陀螺重力和磁场排斥力相等且在一条直线上。掌握了陀螺旋转、重量调节、底盘角度调整的技巧,才可进入神奇的反重力悬浮世界。

比一比

展示作品　感悟收获

根据以上原理和操作步骤,同学们分组进行操作练习,并进行小组比赛,看哪一个同学先旋起陀螺,跟大家分享一下自己的经验和心得。

活动总结

磁场虽然存在但是看不到,也摸不着,引导学生展开想象就显得尤为重要。要让学生通过现象去认识磁场,必须做好演示实验,通过实验让学生更了解磁场。

活动延伸

通过对磁悬浮原理的了解以及磁悬浮陀螺仪的操作,学生课后可以尝试自制陀螺仪或其他关于磁的小发明。

(指导教师:董文秀)

烹饪技术

知识目标：让学生掌握菜刀正确用法，掌握拌凉菜的做法。

能力目标：学会制作凉拌胡萝卜丝，掌握洗菜、切菜、用料要领，培养学生的生活自理能力。

情感、态度与价值观目标：培养学生的想象力和创造思维能力，提高学生的生活情趣和审美情趣。

认 识 烹 饪

烹饪是对食品进行加工处理，使之色香味俱全，转化为可口的食物。例如切、刨、剁让食物变碎而易于食用、腌渍；加入调味料使食物更可口；通过加热食品能让食物变软、杀菌；烹鱼使食物的营养成分更容易被人体吸收。

本次教学活动主要内容"凉拌胡萝卜丝"，旨在让学生了解烹饪在日常生活中的重要性，增强学生的应用意识，体会家长的辛劳。

活 动 重 点 和 难 点

重点：教会学生学会菜刀的正确用法，培养学生的动手操作能力。

难点：刀具的安全使用，凉菜色、香、味的调和。

材料及工具：刀具、菜板、花盘、辣椒面、大葱、胡萝卜等。

一、导入新课

1.检查工具及材料的准备情况。

2.组织学生讨论制作凉菜的基本步骤和要求。

3.教师小结。

二、步骤

备料、切菜、拼盘、调拌。

三、要求

卫生、安全、美观、均匀。

四、教师示范

以凉菜胡萝卜丝为例，边示范边讲解做凉菜的基本步骤和注意事项。

凉拌胡萝卜丝的制作步骤：

1.胡萝卜削皮,清洗,切薄片,再切丝。

2.葱段选白段,中间划开,再用刀尖划成丝。

3. 胡萝卜丝和葱丝放在一起，加一勺盐和少许味精。用手使劲搅拌，捏、揉，反复操作，使得盐和味精与胡萝卜丝、葱丝完全搅拌均匀。放置几分钟待入味。

4. 胡萝卜丝装盘，上面放一勺辣椒面和一点十三香；锅中倒油烧热至冒烟,将热油泼在胡萝卜丝盘子的辣椒面上。

5.往盘中加入少许香醋、少许面条鲜(六月鲜或生

抽),搅拌均匀即可。

6.小贴士。

(1)萝卜丝要切细,一定要在切片的时候就斜切很薄,切成的丝才可长而细。

(2)萝卜丝、葱丝和盐、味精搅拌时,要用手轻轻边揉边捏,以便萝卜丝充分吸收调料。

(3)油泼辣椒面也是这道菜成功的关键,会让这道凉菜更加诱人。

比一比

展示作品 感悟收获

学生分组按照做凉菜的基本步骤,利用所备材料独自或合作做一盘色、香、味、形俱佳的凉菜,并为凉菜起名。老师重点指导切菜技巧和拼盘艺术效果。

各小组轮流展示自己作品。

学生品尝:谈谈凉拌胡萝卜丝的特点。

活 动 总 结

师生共同对所有作品一一点评。重点强调学生菜品的优点及突出特点,选出优秀作品。

通过放录像展示多种凉菜拼盘,开阔学生眼界,使其体会烹饪在日常生活中的重要性,增强学生的应用意识,体会家长的辛劳,使学生们热爱生活,创造生活,享受生活。

(指导教师:刘玉萍)